Klanggeschichten

WIE MAN MIT TÖNEN ERZÄHLT

Praxisreihe
Kindergarten

Inhaltsverzeichnis

7 KLANGGESCHICHTEN

Wie man mit Tönen erzählt

11 KLANGGESCHICHTEN IN REIMEN

13 Blumenwecken
14 Wichtelschütteln
15 Das Eichhörnchen friert
16 Hü und Hott
17 Sternenhimmel-Klänge
18 Lärm im Dschungel
19 Gemüseklänge
20 Gewitter überm Spinnennetz!
22 Mäusetanz

23 MIT KLANGGESCHICHTEN IN DIE RUHE FINDEN

25 Leise säuseln die Wellen
26 Wenn Igel träumen …
27 Eichhörnchen-Ruhe
28 Der Leisekönig
30 Wolkenreise
32 Alles, alles kommt zur Ruh'

33 KLÄNGE FÜR DAS GANZE JAHR

35 Der Schneemann mit der Pfeife
36 Der Schnee schmilzt
37 Die Sonne begleiten
38 Grillenchor
40 Bunter, schöner Schmetterling
41 Äpfel, Birnen, Pflaumen
42 Gespenstertanz um Mitternacht
43 Laternenzeit
44 Wenn Blätter fallen

45 KLANGERLEBNISSE FÜR KINDER UNTER 3

47 Es fährt ein kleiner Laster
48 Autos fahren
49 Witschel, watschel, Enten
50 Vogelkinder
51 Es trabt ein Elefant
52 Elefantenmusik
53 Vier Frösche

54 ERZÄHLENDE KLANGGESCHICHTEN

56 Der Rabe und der Fuchs
58 Meister Kling und die Feste
60 Der Löwe und die Maus
62 Der Streit von Sonne und Wind
64 Blattlaus-Abenteuer

Klanggeschichten

WIE MAN MIT TÖNEN ERZÄHLT

Musizieren steigert das Wohlbefinden. Das formulierte schon Carl Orff, der Schöpfer des sogenannten Orffschen Schulwerks, das bis heute in Kitas und Schulen Grundstein für die musikalische Förderung ist. Um mit Kindern Klanggeschichten auszudenken, zu komponieren und umzusetzen, benötigen Sie allerdings kein umfangreiches Instrumentarium an Orffschen Instrumenten. Sie brauchen auch keine große musikalische Vorbildung und Sie müssen selbst kein Instrument spielen können. Alles, was Sie benötigen, sind Fantasie, Liebe für Musik und Klänge und Freude an der Arbeit mit Kindern.

Auf den folgenden Seiten zeigen wir Ihnen, wie einfach und bereichernd zugleich das Spielen mit Klängen, Tönen und Rhythmen sein kann. Für dieses Heft haben wir hauptsächlich sehr einfache, kurze Klanggeschichten ausgesucht. Die meisten davon reimen sich, um den Rhythmus auch mit in die Sprache zu transportieren. Um diese Klanggeschichten umzusetzen, benötigen Sie keine klassischen Orffschen Instrumente wie Fingerzimbeln, Triangeln oder Maracas. Und Sie müssen auch keine Effektinstrumente oder schwierigen Geräuschemacher bauen. Die meisten Geschichten kommen mit einem oder höchstens zwei Instrumenten oder Klangerzeugern aus.

Falls Sie allerdings in Ihrer Kita über Orffsche Instrumente verfügen sollten, dann finden Sie in diesem Heft einige längere und anspruchsvollere Klanggeschichten, die Sie mit Ihren Instrumenten (oder Ersatz dafür) umsetzen und untermalen können. Klassische Orffsche Instrumente sind für Sie und die Kinder spannend: Die Kinder werden einige dieser Instrumente in der Schule wiederfinden, denn inzwischen gehören sie mit zur Grundausrüstung von Musiksälen und Musikschulen.

Wer war Carl Orff?

Carl Orff (1895–1982) revolutionierte die Musikerziehung: Als begeisterter Musiker und Musikpädagoge vertrat Orff die Meinung, dass sich Menschen durch Musik ausdrücken können und müssen. Orff war auch als Komponist tätig und erschuf mit der Carmina Burana aus einer mittelalterlichen Vorlage das beliebteste Chorwerk des 20. Jahrhunderts. In der Musikpädagogik vertrat er den Ansatz, dass Kinder nicht einfach Stücke oder Rhythmen nachspielen (können) sollten. Stattdessen stellte er das Erleben, das Sich-Ausdrücken, Tanz, Bewegung und das Selbst-Erfinden in den Mittelpunkt.

Was sind Orffsche Instrumente?

Instrumente, die häufig nur einen einzigen Ton erzeugen, leicht bespielbar sind und Rhythmen – und weniger Melodien – ausdrücken: Die meisten Orffschen Instrumente erfüllen diese drei Kriterien. Zusammengefasst sind Instrumente und die Idee, wie man sie benutzt, im sogenannten Orffschen Schulwerk. Dieses musikpädagogische Konzept für Kinder fußt auf der Einsicht, „dass Musizieren und Tanzen elementare Ausdrucksformen des ganzen Menschen, all seiner seelischen, geistigen und körperlichen Kräfte … sind". (http://www.orff.de/orff-schulwerk.html) Grundlage des Orffschen Schulwerks ist der Umgang mit den Elementen Musik, Sprache und Bewegung.

Warum Orffsche Instrumente in der Kita verwenden?

Sie müssen natürlich nicht die klassischen Orffschen Instrumente verwenden. Auch Carl Orff hat diese Instrumente nicht erfunden. Er hat sie nur zu einem für Kinder interessanten und schnell bespielbaren Instrumentarium zusammengefasst. Alle Orffschen Instrumente können Sie mit einfachen Ideen und Alternativen ersetzen. Trommeln bauen Sie mit den Kindern beispielsweise aus Sandkasteneimern, Backpapier und Gummiringen selbst, Pfeifen und Flöten gibt es in Lutschern oder Kaugummis für günstiges Geld im 1-Euro-Laden, Glöckchen finden Sie in jedem Bastelladen usw.

Echte Orffsche Instrumente sind aber wertiger, denn sie bestehen nicht aus Kunststoff, sondern aus Holz und Metall. Da sich diese Instrumente auch in „echten" Orchestern wiederfinden, bieten sie den Kindern ein Stück Musik zum Anfassen und ermög-

Die wichtigsten Orffschen Instrumente

Klingende Stäbe/Klangstäbe heißen auch Klanghölzer oder Claves (von spanisch clavo – Nagel), zwei Holzstäbe (oder auch Metallstäbe), die aufeinander gespielt werden und einen trockenen Klang ohne Nachhall erzeugen.

Holzblock: ein innen hohler Holzquader, der mit einem Holzstab angeschlagen wird. Aus Kunststoff existiert er inzwischen als Jamblock. Der Ton ist nicht ganz rein und etwas rauschend.

Rassel: Man unterscheidet zwei Arten von Rasseln: Gefäßrasseln haben Körnchen oder Steinchen in einem Gefäß, wie Maracas oder Schüttelrohre. Anschlag- oder Rahmenrasseln bestehen z. B. aus aneinandergebundenen Schüttelplättchen. Rasseln sind als Instrument seit uralter Zeit bekannt. Anders als bei Trommeln kann der Spieler die Länge des Klangs nicht genau beeinflussen, denn die Steinchen oder Plättchen schwingen auch nach der Bewegung noch weiter.

Schelle: Auch Schellen gehören eigentlich zu den Rasseln. Hier bewegt sich ein einziger Klangkörper in einem Metallgehäuse. Zusammengefasst zu mehreren befinden sich Schellen an Schellenbändern (z. B. Arm- und Beinbändern), Ringen (Schellenring) oder Trommeln (Schellentrommel).

Zimbel: Zimbeln bestehen (im Gegensatz zu hölzernen Klappern) aus Metall. Fingerzimbeln sind besonders kleine Exemplare, die durch eine Schnur verbunden sein können. Sie werden mit Daumen und Mittelfinger einer Hand gespielt. Aus Holz werden Kastagnetten ähnlich gespielt.

Triangel: Eines der beliebtesten Instrumente ist die Triangel. Sie besteht aus einem Metallstab, der zu einem an einer Ecke offenen Dreieck gebogen ist und mit einem Stahlstab angespielt wird.

Rahmentrommeln sind im Gegensatz zu Kesseltrommeln unten offen. Es gibt viele verschiedene Arten von Bongos über Tamburine oder Schamanentrommeln. Bespielbar mit der Hand, mit beiden Händen oder mit Schlegeln. Rahmentrommeln können mit daran befestigten Zimbeln oder Schellen zusätzliche Klänge erzeugen.

Glockenspiel, Metallofon und Xylofon sind Instrumente, bei denen Klangstäbe auf einem Brett oder Kasten angeordnet sind. Sie werden mit Schlegeln bespielt. Im Gegensatz zu den hölzernen Klangstäben des Xylofons bestehen die Klangstäbe bei Metallofon und Glockenspiel aus Metall.

lichen es ihnen, ihr Allgemein- und Weltwissen um einige (selbst gespielte) klassische Instrumente zu erweitern.

Neue Geräusch- und Effektinstrumente

Rainmaker (Regenmacher): ein ursprünglich chilenisches Instrument, bei dem Körnchen, z. B. Sand, durch ein Rohr rieseln und so das Geräusch von Regen oder fließendem Wasser nachstellen. Um die Rieselgeschwindigkeit zu reduzieren und damit länger anhaltende Töne zu erzeugen, hat das Rohr innen Nägel oder Stacheln bekommen.

Güiro: heißt auch Guiro (von spanisch Ratschgurke), ein ursprünglich aus einem hohlen Kürbis gebautes Instrument aus der Gruppe der Schrapinstrumente, bei dem mit einem Kamm oder Besen über die gerippte Oberfläche geratscht wird. Im Handel sind Klangfrösche erhältlich: Holzfrösche, deren Rücken gerippt ist und die mit einem kleinen Schlegel geschrapt werden können.

Klangschale: Ursprünglich ein asiatisches Küchengerät, werden Klangschalen heute in der Entspannungsarbeit und bei Meditationen eingesetzt. Die runden oder halbkugeligen Schalen bestehen aus Metall (meist aus Zinn und Bronze mit Beigabe weiterer Metalle) und erzeugen beim Bespielen mit den Händen (Reiben) oder einem Klöppel (Anschlagen) unterschiedlich lang anhaltende Töne.

Das selbst erfundene Instrumentarium

Instrumente aus Schublade, Küche und Baumarkt

Heulschläuche aus echten Gartenschlauchteilen, Becken, die aus einfachen Topfdeckeln bestehen: In Ihrer Küchen- und Kramschublade lauern Dutzende von Geräuschemachern. Einige Ideen für den Start stellen wir Ihnen hier kurz vor. Gehen Sie mit den Kindern auf Geräuschereise und suchen Sie sich Ihr eigenes Orchester zusammen.

- Flöten, Trillerpfeifen, Effektpfeifen
- Fahrradklingeln, Hupen und Tröten
- Schraper: Holzstücke mit eingekerbter Oberseite als Ratschen (Küchenreiben), gerippte PET-Flaschen
- Rasseln aus Schachteln, die die Kinder mit Reis, getrockneten Erbsen usw. füllen
- Glöckchen von Schoko-Nikoläusen oder -osterhasen
- Kuhglocken (z. B. vom Flohmarkt)
- Gong
- Kleppern (aus dem Faschings- oder Partybedarf)
- Backpapier (knistert wie Feuer)
- mit Wasser unterschiedlich befüllte Gläser
- Qigong-Kugeln
- Windspiele (selbst gemacht, z. B. aus ausrangiertem Besteck)
- laminierte Tischsets (machen beim Biegen Donnergeräusche) als Donnerblech

Zusätzlich möglich:
Aus Kunststoff im Spielzeughandel erhältlich: Mundharmonikas, Flöten, Mini-Gitarren

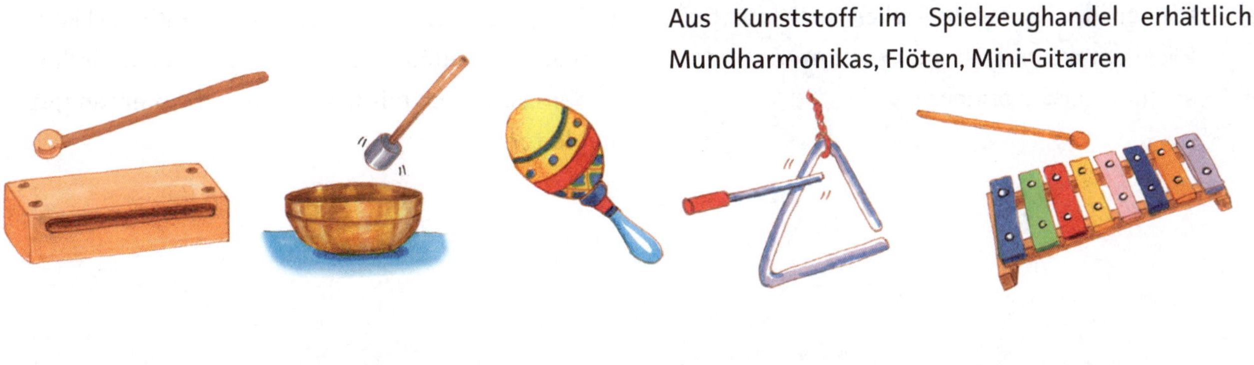

Unsere eigene Klanggeschichte

Klanggeschichten selbst komponieren und erfinden

Eine gute Klanggeschichte ist keine Kunst. Wir zeigen Ihnen hier, wie Sie mit den Kindern oder für die Kinder eigene Klanggeschichten erfinden können. Der Vorteil: Diese Geschichten passen genau zu Ihrem Projekt oder Ihrem aktuellen Thema.

Geschichten vertonen

So einfach geht's in fünf Schritten

1. Erzählen oder lesen Sie die Geschichte zunächst vor. Dabei dürfen die Kinder auch Fragen stellen oder die Geschichte umdichten oder umerfinden.
2. Stellen Sie den Kindern vor, wie man die Geschichte klanglich untermalen könnte.
3. Die Kinder überlegen sich eigene Ideen für einzelne Klangerlebnisse in der Geschichte.
4. Die Kinder haben nun genug Zeit, um in Ruhe alle vorhandenen oder von Ihnen bereitgestellten Instrumente auszuprobieren und den Stationen und Klangerlebnissen der Geschichte zuzuordnen. Einzelne Kinder oder Kinderpaare entscheiden sich für ein Instrument. Die Instrumente können auch im Losverfahren verteilt werden.
5. Tragen Sie nun langsam den Text vor. Die Kinder untermalen die verabredeten Stellen mit ihrem Instrument oder auch ihrer Stimme oder passenden Geräuschen. Sie können die Kinder zusätzlich auch durch Blickkontakt und Zeichen ermuntern und an ihren Einsatz erinnern.

Eine Handlung überlegen

Eine Hauptfigur oder ein Hauptereignis sollte Ihre Geschichte als handlungstragendes Element haben: ein Zwerg, der friert, oder ein Sturm, der immer stärker wird, ein Baum, der sich freut – alles ist möglich.

Wie hört sich das an?

Fragen Sie die Kinder: Wie hört es sich an, wenn … Die Kinder bringen hier schnell Ideen und haben sicherlich direkt einen Vorschlag, wie man die vorgestellten Geräusche hörbar machen könnte. Die Kinder können die Geräusche zuerst mit der eigenen Stimme darstellen, dann können Instrumente dazukommen.

Instrumentenauswahl

Schön, wenn Sie einige Instrumente zur Auswahl zur Hand haben. Es müssen nicht viele sein. Die Kinder können spontan entscheiden, wie sich die Hauptfigur in Ihrer Geschichte anhört.

Den Text erfinden

Notieren Sie einfach die Ideen der Kinder. Reihen Sie die Ideen so aneinander, dass die spannendsten Ereignisse zum Schluss kommen: Der Zwerg friert, dann bibbert er schlimmer, die Zähne klappern, er beginnt, auf und ab zu hüpfen und mit den Armen zu schlagen, er rennt davon … Die Kinder begleiten das durch immer lauter werdende Geräusche: Fertig ist eine erste, einfache Klanggeschichte.

Kniffe, Tricks und Sahnehäubchen

Einfache Reime können eine kurze Erzählung ersetzen. Für längere Klanggeschichten empfiehlt sich eine eher reimlose Form. Jede Geschichte (z. B. aus dem Lieblingsbilderbuch der Kinder) können Sie mit Geräuschen unterlegen. Auch Kinderlieder lassen sich mit Orffschen Instrumenten gut begleiten.

KLANGGESCHICHTEN IN REIMEN

In diesem Kapitel finden Sie kürzere Klanggeschichten, die durch ihre gereimte Sprache zusätzlich für Rhythmus sorgen.

Zu Beginn des Kapitels machen die kürzeren Klangreime den Auftakt. Diese Klangreime kommen oft nur mit einem einzigen Instrument als Unterstützung aus oder Sie benötigen dafür ein Instrument und die eigene Stimme. Solche kurzen Klangreime sind als Einstieg in die Welt der Musik für jüngere Kindergartenkinder geeignet oder für Kinder, die noch nicht viel Erfahrung mit Klanginstrumenten gesammelt haben. Hier kann jedes Kind das gleiche Instrument spielen, sofern es Ihr Vorrat zulässt.

Gegen Ende des Kapitels finden Sie Klanggeschichten in Reimform, die die Kinder mit zwei oder mehreren Instrumenten vertonen können. Auch hier können immer mehrere Kinder das gleiche Instrument spielen.

Schwierigere Klanggeschichten mit mehr als zwei Instrumenten sind für Kindergartenkinder geeignet, die schon Erfahrungen mit Klanginstrumenten haben. Aber auch für die älteren Kindergartenkinder ist es eine Herausforderung, den eigenen Einsatz nicht zu verpassen. Darum geben Sie, als pädagogische Fachkraft, ihnen, falls nötig, ein Zeichen.

Das Wichtigste am Vertonen von Sprache und am Erzählen mit Klängen ist sicherlich nicht die perfekte Ausführung einer unserer Vorlagen, sondern das Experimentierendürfen mit Klang, Tönen und Geräuschen. Ermöglichen Sie den Kindern diese Erfahrung ohne Druck und lassen Sie abweichende Ideen zu. Erzählen Sie unsere Geschichten um und weiter, variieren Sie den Einsatz der Instrumente nach den Ideen der Kinder.

Blumenwecken

Eine Klanggeschichte zum Wachwerden

Montagmorgen und niemand ist so richtig wach? Dann eignet sich die kurze Reimgeschichte, um mit sanften Klängen den Tag zu beginnen.

DAS BRAUCHEN SIE:

- 1 Klanginstrument Ihrer Wahl mit sanftem Klang (z. B. Triangel, ersatzweise kleiner Gong, Klangschale)

Die Blumen schlafen tief und fest,
wiegen sich und schlummern, schnarchen.
(Schnarchgeräusche machen)

Himmel hell, die Sonne lacht,
Blumen, jetzt mal aufgewacht!
(mehrmals an das Instrument schlagen)

Gänseblümchen, hörst du's klingen?
Willst du nicht mit Kindern singen?
(ganz leise das Instrument bespielen)

Das Gänseblümchen hebt den Kopf,
bist ein müder, kleiner Tropf.
(ein einzelner Anschlag, ganz zart)

Das Gänseblümchen gähnt ganz leis',
die Blüte ist noch zu und weiß.
(am Instrument leise entlangfahren)

Schau, jetzt kommt die Sonne her,
Aufstehen ist doch gar nicht schwer.
(ein einzelner leiser Anschlag)

Da geht die Knospe endlich auf,
Sonnenstrahlen fallen darauf.
(ein einzelner lauter Anschlag)

Gänseblümchen, aufgewacht,
ach wie schön du mit uns lachst!
(lange und mehrmals das Instrument bespielen)

Mit Klang und Bewegung umsetzen:
Sicherlich haben Sie nicht für jedes Kind ein Instrument. Dann können ein oder zwei Kinder die Instrumente bespielen, die anderen Kinder stellen mit dem Körper das Aufwachen des Gänseblümchens nach.

Extratipp:
Nutzen Sie auch neue Techniken, um Geräusche zu erzeugen. Im Baumarkt erhalten Sie relativ günstig Türklingeln, die über Funk unterschiedliche Klingelgeräusche einfach per Knopfdruck erzeugen. Das Ausprobieren macht den Kindern Riesenspaß.

Wichtelschütteln

Eine Mini-Klanggeschichte für den Morgen

Auch bei dieser Klanggeschichte geht es ums Wachwerden. Je nach Größe der Kinder und nach Vorrat an Instrumenten können Sie die Geschichte variieren und anpassen.

DAS BRAUCHEN SIE:

- viele unterschiedliche oder gleiche Klanginstrumente nach Wahl der Kinder, ersatzweise die eigene Stimme oder nur ein einziges Instrument

Viele Wichtel stehen im Kreis,
schnarchen lustig, schnarchen leis.

Lauf herum und stups sie an,
schubse alle Wichtel an.

Der erste Wichtel wacht jetzt auf:
„Guten Morgen, bin schon auf!“

Der zweite Wichtel wacht jetzt auf:
„Guten Morgen, bin schon auf!“

Der dritte Wichtel …

Der letzte Wichtel schnarcht und schnauft,
schläft noch tief und wacht nicht auf.

Rüttel und schüttel den Wichtel ganz sacht,
siehst du: Er ist aufgewacht!

Alle Wichtel sind jetzt wach,
hör nur, wie es tanzt und lacht.

Ideen für die Umsetzung:
Jedes Kind sucht sich ein Klang- oder Geräuschinstrument für seinen Wichtel aus. Sie als pädagogische Fachkraft beginnen mit dem Text. Zuerst machen die Kinder dazu Schnarchgeräusche. Bei „Der erste Wichtel wacht jetzt auf“ beginnt das Kind links neben Ihnen im Sitzkreis oder ein Kind, dem Sie ein Zeichen geben, sein Instrument zu bespielen. Bei „Der zweite Wichtel …“ spielt ein weiteres Kind. Gehen Sie so alle Kinder in der Gruppe durch. Am Ende spielen alle Kinder gemeinsam ihre Instrumente an.

Extratipp:
Experimentieren Sie mit den Kindern zu laut und leise: Wie hört es sich an, wenn alle Kinder gleichzeitig ihre Instrumente bespielen? Wie hören sich die Instrumente laut, wie ganz leise an?

Das Eichhörnchen friert

Eine Klanggeschichte zum Mitfühlen

Wie hört es sich wohl an, wenn ein Eichhörnchen mit den Zähnen klappert? Da haben die Kinder doch bestimmt sofort eine tolle Klangidee. Fertig ist die Umsetzung für Ihre Mini-Winterklanggeschichte.

DAS BRAUCHEN SIE:

- Eichhörnchen: Klangstäbe oder Holzblock
- Wind: die eigene Stimme

Huh, wie kalt ist heut der Wald,
eisig ist es, Schnee kommt bald.
(mit der eigenen Stimme das Pfeifen des Windes nachmachen)

Hör nur, wie der Wind schon pfeift,
wie es knackt und friert und reift.
(mit der eigenen Stimme das Pfeifen des Windes nachmachen)

Ein Eichhörnchen hockt klein im Wald,
eisig ist es, Schnee kommt bald.
(ein ganz leiser Schlag auf dem Instrument)

Es zittert trotz des dicken Fells,
die Kälte kommt jetzt hart und schnell.
(viele kurze, leise Anschläge)

Hör zu, wie es zittert und friert,
mit den Zähnen klappert, an Wärme verliert.
(lautere Schläge)

Das Eichhörnchen ist ja nicht dumm,
es dreht sich auf der Stelle um.
(zwei kurze Anschläge)

Klettert hoch und schnell im Baum,
verschwindet im Nest, man sieht es kaum.
(viele schnelle Anschläge)

Hier ist es warm und kusch'lig schön,
Eichhörnchen, auf Wiederseh'n!
(langsames Anspielen)

Kein Eichhörnchen hockt noch im Wald,
denn eisig ist es und Schnee kommt bald.
(wieder mit der eigenen Stimme den Eiswind nachstellen)

Extratipp:
Sie können noch weitere Effekte einbauen: Kleine Ästchen brechen die Kinder bei der zweiten Strophe durch. Bei der Idee des Eichhörnchens, ins Nest zu flüchten, könnte sich ein kurzer Pfeifton anbieten. Fällt den Kindern noch mehr ein?

Hü und Hott

Reimklanggeschichten mit Ponys

Pferde sind die Lieblingstiere vieler Kinder. Hier stellen die Kinder die Gangarten von Ponys mit Instrumenten nach. Dabei können die Kinder zwischen laut und leise und langsam und schnell wechseln.

DAS BRAUCHEN SIE:

- Holzblocktrommeln oder Klangstäbe (je nach Vorrat), ersatzweise eine Tischplatte zum Trommeln

Hü und Hott

Zwei Ponys, die hießen Hü und Hott,
bewegten sich müde, im langsamen Trott.
(langsam und leise trommeln)

Dann liefen sie schneller, in flottem Schritt,
sie waren ganz munter, sie waren recht fit.
(schneller trommeln)

Aus Schritt wurde Trab, juhu und juchee,
die Ponys trabten über die Brücke am See.
(noch schneller trommeln)

Dann ging es weiter in wildem Galopp,
dann machten die beiden Ponys Stopp!
(ganz laut und schnell trommeln und bei „Stopp!“ verstummen)

Sie ruhten sich aus und zupften am Gras,
da hatten die Ponys ganz großen Spaß.
(schnauben und Schmatzgeräusche machen)

DAS BRAUCHEN SIE:

- Fliegen: Glöckchen oder Zimbeln
- Ponys: Holzblocktrommeln oder Klangstäbe

Zwei Fliegen

Zwei Fliegen, die ärgern Hü und Hott sehr,
sie fliegen hin, sie fliegen her.
(ganz kurz mit den Glöckchen klingeln)

Sie kitzeln die Ponys am Kopf und am Bauch,
an Beinen, an Nasen, da kitzeln sie auch.
(länger mit den Glöckchen klingeln)

Die Ponys fangen an zu schnauben,
weil ihnen die Fliegen die Nerven rauben.
(Holzblocktrommel und dabei schnauben)

Die Ponys stampfen mit den Beinen
und gleich fangen sie an zu weinen.
(Holzblocktrommel schneller und dazu mit den Beinen stampfen)

Doch plötzlich regnet's, ach wie gut,
die Fliegen verlieren im Regen den Mut.
(die Glöckchen werden leiser und verstummen)

Sternenhimmel-Klänge

Mit Klängen den Himmel zum Leuchten bringen

In den folgenden beiden Reimklanggeschichten geht es um funkelnde Sterne. Beide Geschichten kommen auf Wunsch mit nur einem einzigen Instrument aus. Die zweite Geschichte können Sie auch singen. Wie wäre es, wenn Sie passend dazu LED-Lichtchen oder Taschenlampen zum Einsatz bringen?

DAS BRAUCHEN SIE:

- 1 Glockenspiel, Metallofon oder Xylofon

Sternenhimmel

Dunkel ist's und leis ist die Nacht,
doch, liebe Kinder, gebt einmal acht.
Ein Stern geht auf, ganz leise und zart,
dann ein zweiter ganz in der gleichen Art.
Noch ein Stern, ein vierter nun,
schon sehr viele Sternlein am Himmel ruh'n.
Die Sterne klingen am Himmel so schön,
ach, würde die Nacht nie zu Ende geh'n!

Für jeden Stern einen anderen Ton auf dem Klanginstrument anschlagen. In den letzten beiden Zeilen von unten nach oben und wieder zurück mit dem Schlegel über das Instrument streichen.

DAS BRAUCHEN SIE:

- 1 Glockenspiel, Metallofon oder Xylofon
- oder: viele verschiedene Klanginstrumente nach Auswahl der Kinder

Klanglied: Kleiner Stern

Funkel, funkel, kleiner Stern,
ich betrachte dich so gern.
Funkelst hell am Himmelszelt,
scheint ganz hell in aller Welt.
Funkel, funkel, kleiner Stern,
ich betrachte dich so gern.

Funkelt, funkelt, hell und schön,
es ist viel Freud', euch anzuseh'n.
Funkelt wie ein Diamant,
ganz weit weg und unbekannt.
Funkelt, funkelt, hell und schön,
die Nacht soll nie zu Ende geh'n.

Zur bekannten Melodie von „Funkel, funkel, kleiner Stern" singen Sie die beiden Strophen. In der ersten Strophe erklingt nur ein Instrument (oder nur ein Ton), in der zweiten kommen viele Instrumente oder verschiedene Töne dazu.

Lärm im Dschungel

Eine Reimklanggeschichte mit Urwaldtieren

Richtig Radau machen Sie mit diesen Klangreimen aus dem Dschungel. Gut, wenn zum Schluss alle wieder ganz leise werden. Erfinden Sie mit den Kindern noch mehr Urwaldtiere samt Geräuschen dazu! Diese Klanggeschichte eignet sich für viele Kinder und große Gruppen, weil Sie sehr viele Instrumente besetzen können.

DAS BRAUCHEN SIE:

- Rasseln, Guiros und Ratschen aller Art
- Affen und Papageien: Pfeifen, Tröten und Flöten
- Spinnen: Holzblocktrommel oder Klanghölzer
- Tiger: Triangel, Metallo- oder Xylofon

Komm mit in den Urwald, denn dort ist ein Fest,
bei dem sich herrlich feiern lässt.

Es zirpen die Grillen, Schlangen zischen,
zwischen den Blättern können Mücken entwischen.

Es singen die Affen und hörst du es schreien?
In Bäumen auf Ästen, es sind Papageien.

Dazu wippen Spinnen mit Beinen im Takt,
weil sie der Rhythmus der Dschungelband packt.

Und jetzt, oh weh, welch schrecklicher Lärm,
singen alle zusammen, das mögen sie gern.
Juchuuuu!

Doch dann wird es still und leise im Wald,
die Tiere verstummen, ob jung oder alt.

Denn ein Tiger schleicht fauchend im Wald umher,
die Tiere fürchten das Raubtier sehr.

Verstecken sich, jeder in seinem Nest,
pssst, ganz leis', bis zum nächsten Fest.

Die Kinder ordnen die Instrumente den Tiergruppen zu. Beispielsweise bekommen die Grillen, Schlangen und Mücken die Rasselinstrumente und Ratschen, die Affen und Papageien schrille Pfeifen und Flöten usw. Passend zum Text erklingt dann jede Instrumentengruppe einzeln. Ab der fünften Strophe klingen dann alle zusammen, bis der Tiger erscheint. Da haben die Kinder sicherlich viele eigene Ideen.

Gemüseklänge

Kürbis- und Kartoffelreime

Jeder, dem Kartoffeln schon einmal die Treppe herabgekullert sind, weiß, dass Gemüse Geräusche machen kann. In unserer Geschichte bekommen drei Gemüse ein Klanggesicht, sodass zum Schluss eine ganze Klangsuppe entsteht.

DAS BRAUCHEN SIE:

- Kürbis: Trommel
- Kartoffel: Pauke
- Mohrrübe: Holzblock
- Ersatzweise können die Kinder auch mit den Händen auf dem Tisch trommeln und verschiedene Möglichkeiten testen (mit dem Fingerknöchel, mit der Faust, mit der Handfläche …).

Kürbisse rollen über das Feld,
weil ihnen das Rollen so gut gefällt.
(Trommel anschlagen)

Kartoffeln kullern über das Feld,
weil ihnen das Kullern so gut gefällt.
(Pauke anschlagen)

Mohrrüben hüpfen über das Feld,
weil ihnen das Hüpfen so gut gefällt.
(Holzblock spielen)

Wenn alle Gemüse zusammen erklingen,
kann unsere Suppe doch nur gelingen.
Lecker!
(alle Instrumente klingen jetzt zusammen)

Gewitter überm Spinnennetz!

Eine Reimgeschichte mit vielen Geräuschen

Was machen Spinnen bei einem Gewitter? Die Spinne Fitzelpetz wartet einfach ab, bis es vorbei ist. In der Zwischenzeit machen ihr Regen, Wind, Hagel, Blitz und Donner das Leben schwer. Und genau diese Naturgewalten lassen sich mit Klang und Geräuschen spannend nachempfinden. Wissen Sie, wie?

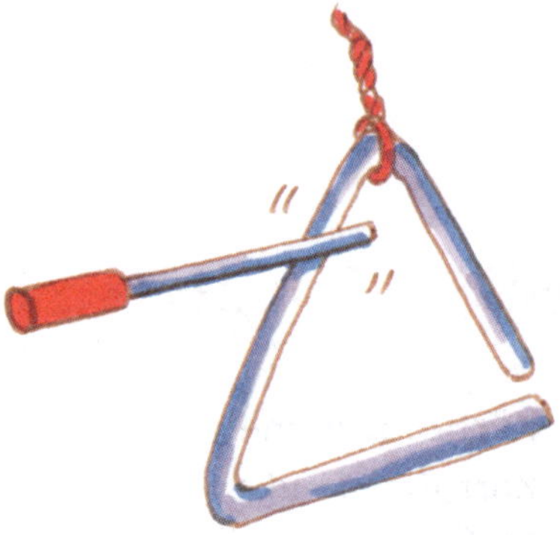

DAS BRAUCHEN SIE:

- Spinne: Metallofon oder Xylofon
- Sonne: Ratsche oder Pfeife/Trillerpfeife
- Wind/Sturm: Heulschlauch oder die eigene Stimme
- Regen: Rainmaker oder Rassel
- Donner und Wolken: Pauke oder Trommel oder ein biegsames, laminiertes Tischset
- Blitz: Triangel oder die eigene Stimme („Zzzzisch!“)
- Hagel: Holzblock mit Schlegel oder eine Schachtel mit Murmeln, die geschüttelt wird

Die kleine Spinne Fitzelpetz
schaukelt müd' im Spinnennetz.
(langsame Töne auf dem Metallofon)

Der Tag ist heiß, die Sonne sticht
der kleinen Spinne ins Gesicht.
(Pfeifen oder Ratschen)

Doch dort ganz hinten in der Ferne
ballen sich Wolken dick und gerne.
(mit der Hand über die Trommel streichen)

Ein Wind kommt auf und rüttelt am Netz
von der kleinen Spinne Fitzelpetz.
(Heulschlauch: Achtung! In sicherer Entfernung schwingen! Oder die eigene Stimme)

Huiiii, das Netz schwebt hin und her,
die Wolken am Himmel werden schwer.
(auf der Trommel sanft schlagen)

Die kleine Spinne fürchtet sich,
denn Stürme mögen Spinnen nicht.
(schnelle, leise Töne auf dem Metallofon)

Dunkel wird es jetzt und drückend,
der Wind weht, dass sich Bäume bücken.
(dumpfe Schläge auf der Trommel)

Und – platsch! – schon kommt ein erster Tropfen,
dann zwei, dann drei, sie tröpfeln, klopfen.
(Rainmaker oder Rassel oder mit den Fingerspitzen auf eine Unterlage klopfen)

Die kleine Spinne schüttelt sich,
denn Regen mögen Spinnen nicht.
(Metallofon: schnelle Töne)

Krach, da kommt ein Donnerhall,
die Spinne hört ihn überall.
(das Tischset biegen oder damit wedeln und/ oder die Trommel schlagen)

Und zischend zucken grelle Blitze,
leuchten bis in jede Ritze.
(eigene Stimme oder Triangel)

Die kleine Spinne fürchtet sich,
denn Gewitter mögen Spinnen nicht.
(Metallofon: schnelle Töne)

Ein Hagelkorn zerreißt das Netz
Der kleinen Spinne Fitzelpetz.
(Holzblock spielen oder Schachtel schütteln)

Und noch mehr Hagel kommt herab,
kracht und purzelt, tripst und klackt.
(Holzblock spielen oder Schachtel schütteln)

Die kleine Spinne ärgert sich,
denn Hagel mögen Spinnen nicht.
(Metallofon: schnelle Töne)

Ganz plötzlich hört er auf, der Regen,
der Hagel auch, was für ein Segen.
(Hagel- und Regeninstrumente erst laut, dann leiser spielen, dann verstummen lassen)

Der Wind weht alle Wolken fort,
sie ziehen an einen andern Ort.
(die Trommel immer leiser mit den Fingern streichen, dann verstummen lassen)

Und nur ganz leise und ganz zart
grummelt der Donner auf sanfte Art.
(die Trommel immer leiser spielen, verstummen lassen)

Das Netz hat leider ein kleines Loch,
die kleine Spinne freut sich doch.
(Metallofon: schnelle Töne)

Das Weben fällt ihr gar nicht schwer
und Netze mögen Spinnen sehr.
(aufsteigende Reihenfolge oder lustige Tonfolge auf dem Metallophon)

Extratipp:
Auch mit nur einem einzigen Instrument können die Kinder die Geschichte darstellen. Am besten eignet sich dann ein Xylofon oder Metallofon, das mehrere Töne und auf- und absteigende Tonfolgen entstehen lassen kann.

Lassen Sie beim Vorlesen den Reim in jeder zweiten Zeile von den Kindern erraten und Sie haben gleichzeitig ein Reim-Quiz zur Hand.

Mäusetanz

Eine Mini-Klanggeschichte in Reimen

Im Regen zu tanzen macht natürlich Riesenspaß. Haben Sie es selbst schon einmal an einem warmen Sommertag ausprobiert? Hier geben sich zwei Mäuse die Ehre, die von den Kindern gern mit Instrumenten begleitet werden möchten.

DAS BRAUCHEN SIE:

- Trommel
- Xylofon

Tripf und tropf, es regnet heute,
es freuen sich große und kleine Leute.
(mit den Fingern auf die Trommel trommeln)

Zwei Mäuse hüpfen auf dem Hof,
sie finden den Regen gar nicht doof.
(zwei Töne auf dem Xylofon anschlagen)

Sei nur still, dann hörst du sie spritzen,
und über nasse Steine flitzen.
(ganz schnell eine Tonfolge auf dem Xylofon spielen, zum Schluss leiser werden)

MIT KLANGGESCHICHTEN IN DIE RUHE FINDEN

Mit Klängen in die Ruhe finden: Kann das klappen? Auf den nächsten Seiten warten Klanggeschichten und Klangreime, die Sie und die Kinder ganz heimlich, still und leise ins Entspannen begleiten können.

In einer Welt, in der künstliche Geräusche und Lärm, Musik und Klänge aller Art zum ständigen Begleiter geworden sind, ist gerade das bewusste Lauschen in die Stille wichtig. Auch unsere Ohren benötigen Entspannung, und zwar durch die Abwesenheit von Lärm. Das ist für Sie als pädagogische Fachkraft wichtig, aber auch für die Kinder, die häufig unbewusst unter der Lärmkulisse in der Kita leiden.

Ruhige Klänge können Sie in die Erholung tragen, auch wenn Sie es zunächst nicht glauben. Wie Ruhe denn eigentlich klingt, das ist eine Frage, die die Kinder mit Ihnen gemeinsam beantworten können. Lassen Sie sich dazu von den folgenden Geschichten inspirieren.

Leise säuseln die Wellen

Eine ruhige Reimklanggeschichte vom Meeresufer

Ruhe, Wärme und Entspannung: Diese Reimklanggeschichte eignet sich dazu, um die Empfindungen der Meerestiere auf die Kinder zu übertragen. Darum sollten Sie sie mit leiser und ruhiger Stimme vorlesen und die Kinder können ihre Instrumente leise und zart anspielen. Um sich in Stimmung zu bringen, können Sie auch einer Meeres-CD bzw. ruhigen Wellengeräuschen lauschen.

DAS BRAUCHEN SIE:

- nach Wunsch: CD-Spieler mit Meeresgeräuschen oder Entspannungsmusik
- Schildkröte: Pauke oder Trommel
- Seestern: Triangel
- Krebstierchen: Klanghölzer
- Wind und Meer: Regenmacher

Machen Sie aus der Klanggeschichte eine kleine Entspannungseinheit. Stellen Sie den CD-Spieler an, dekorieren Sie ein Tuch mit Muscheln, Seeschneckenhäuschen und Kieselsteinen und sorgen Sie für gemütliches Licht.

Leise säuseln die Wellen im Wind,
das Wasser ist still und zart ist der Wind.
(Regenmacher leise anspielen)

Eine Schildkröte liegt im warmen Sand,
wackelt entspannt mit der Schildkrötenhand.
(einmal kurz auf der Trommel spielen)

Warm scheint die Sonne, der Sand ist weich,
das Wasser ist still und der Wind ist leicht.
(wieder Regenmacher spielen)

Ein Seestern liegt träumend und schlummernd im Meer,
warm ist's hier, das gefällt ihm sehr.
(die Triangel kurz anspielen)

Schön lässt es sich schlummern am warmen Strand,
im zarten Wind und im weichen Sand.
(wieder Regenmacher zum Einsatz bringen)

Ein Krebstierchen krabbelt am Ufer auf Steinen,
mit Zangen und Augen und acht kleinen Beinen.
(Klanghölzer lebhaft anschlagen)

Zur Schildkröte kuschelt es sich dazu,
hier finden alle Tiere zur Ruh'.
(mit den Klanghölzern langsamer schlagen und schließlich verstummen)

Leise säuseln die Wellen im Wind,
das Wasser ist still und zart ist der Wind.
(die Stille wirken lassen, kein Instrument mehr anspielen)

Wenn Igel träumen ...

Eine Reimklanggeschichte mit Stacheln

Wie hört es sich an, wenn ein Igelstachel pikst? Und wovon träumen Igel, wenn sie sich für den Winterschlaf zusammenkuscheln? Vielleicht finden Sie es mit den Kindern heraus. Oder Sie machen es wie die Igel: Kuscheln sich zusammen und entspannen in der Kuschelecke, während Sie diese Fragen erörtern.

DAS BRAUCHEN SIE:

- Igel Pieks: Triangel und Klangstäbe
- Raschelndes Laub: Regenmacher oder Ratsche

Igel schützen sich mit Spitzen,
die als Stacheln am Igel sitzen.

Pieks, der Igel, huscht über das Feld,
schnell trippelt er durch die kalte Welt.

Pieks, der Igel, sucht dringend ein Nest,
wo es sich schlummern und schlafen lässt.

Pieks, der Igel, schnuppert entzückt,
als er sich unter ein Holzgerüst bückt.

Raschelndes Laub, warm und geschützt,
wie es den Igeln am meisten nützt.

Pieks, der Igel, der kringelt sich ein,
macht sich zu einer Kugel ganz klein.

Herrlich ist es im Igelversteck,
hier geht der Igel Pieks nicht mehr weg.

Pieks, der Igel, der schlummert so schön,
ihr werdet ihn erst wieder im Frühling seh'n.

Bei jedem „Pieks" ganz kurz die Triangel anschlagen. Ansonsten setzen die Kinder die Instrumente passend zum Text und nach eigenen Ideen ein. Am Ende des Textes könnten alle Schnarchgeräusche machen.

Eichhörnchen-Ruhe

Eine Klanggeschichte übers Zur-Ruhe-Kommen

Das Abschalten nach einem langen Tag lässt sich mit Klanginstrumenten sehr gut darstellen. Auch die Kinder verbringen teilweise einen Achtstundentag in der Kita. Da ist es für alle wichtig, das Erholen und Ausruhen zu thematisieren und dem nachzuspüren. Diese kleine Klanggeschichte empfindet das mit nur zwei Klanginstrumenten nach. Sie eignet sich auch als Bewegungsgeschichte, bei der die Kinder von der Bewegung in die Ruhe kommen.

DAS BRAUCHEN SIE:

- 1 Xylofon
- Klangstäbe

Das Eichhörnchen huscht hoch am Baum,
so flink und schnell, man sieht es kaum.
(aufsteigende Reihenfolge mit dem Xylofon)

Dann rast es wieder runter,
flink, gewitzt und munter.
(absteigende Reihenfolge mit dem Xylofon)

Sucht Nüsse, Eicheln und noch mehr,
vergräbt den Schatz, rennt hin und her.
(Klangstäbe)

Dann huscht es wieder hoch am Baum,
so flink und schnell, man sieht es kaum.
(aufsteigende Reihenfolge mit dem Xylofon)

Dann rast es wieder runter,
flink, gewitzt und munter.
(absteigende Reihenfolge mit dem Xylofon)

Sucht Moos und Gras und noch viel mehr,
dazu ein paar Federn, rennt hin und her.
(Klangstäbe)

Dann huscht es wieder hoch am Baum,
so flink und schnell, man sieht es kaum.
(aufsteigende Reihenfolge mit dem Xylofon)

Polstert sein Nestchen mit Federn und Moos,
ihr wisst es schon: Es muss wieder los.
(Klangstäbe)

Dann rast es wieder runter,
flink, gewitzt und munter.
(absteigende Reihenfolge mit dem Xylofon)

Doch irgendwann, es ist schon Nacht,
hat das Eichhörnchen genug gemacht.
(Klangstäbe immer langsamer anschlagen)

Es kuschelt im Nestchen und legt sich zur Ruh',
und klappt die Eichhörnchenaugen zu.
(Klangstäbe nur einmal anschlagen und in die Stille lauschen)

Der Leisekönig

Ein Klangmärchen mit lauten und leisen Tönen

Was ist laut und was ist leise? Haben die Kinder im hektischen Alltag noch ein Gefühl dafür, wann es in der Gruppe zu laut wird? Erfahren Sie mit diesem Klangmärchen Stille, laute und leise Töne und staunen Sie, wie angenehm es ist, wenn alles leise ist. Oder wie lustig es ist, wenn es laut zugeht. Sie werden feststellen: Beides, laut und leise, ist wichtig – aber in Maßen.

DAS BRAUCHEN SIE:

- Leisekönig: Pauke
- Leisekönigin: Trommel
- Ritter: Holzblock und Topfdeckel
- Hexe: Ratsche oder Donnerblech
- Hexenzauberstab: Xylo- oder Metallofon

Es war einmal ein König, der das Leisesein liebte. Er befahl seinem Volk, alles nur noch ganz, ganz leise zu machen.
(mit den Fingerspitzen ganz leise über die Pauke streichen)

Die Diener im Schloss durften nur schleichen, niemals rennen. Musik wurde verboten und statt zu lachen, kicherten die Hofdamen und Diener nur sehr, sehr leise hinter vorgehaltener Hand.
(Kichern)

Und so kam es natürlich auch, dass es im Schloss des Leisekönigs immer ganz still war.
(Stille)

Doch eines Tages kam ein Ritter in den Hof des Königsschlosses geritten. Die Hufe seines Rosses klapperten, …
(Holzblock: Geräusch der Hufe nachmachen)

die Rüstung des Ritters quietschte und krachte …
(die Topfdeckel aneinanderschlagen)

… und als der Ritter abstieg, da fiel ihm sein Schwert hin und rasselte auf den Boden, dass es nur so holterte und polterte.
(einen Topfdeckel auf den Boden fallen lassen)

Die Dienstboten sagten erschrocken: „Pssst!“
(„Pssst!“ machen)

„Was?“, fragte der Ritter. „Aber warum das denn?“ Und laut rief er nach einem Stalljungen.
(Topfdeckel)

Der Leisekönig war überhaupt nicht erfreut über den Besuch des lauten Ritters. Er stellte ihm seine Gemahlin, die Leisekönigin, vor, die dem Ritter flüsternd die Hand zum Handkuss reichte.
(ganz leise mit den Fingern über die Trommel fahren)

Der Ritter sah sich das Schloss des Leisekönigs an und schüttelte den Kopf über so viel Stille und Ruhe. Selbst das Wasser aus den vergoldeten Wasserhähnen plätscherte nur ganz leise. „Was ihr hier braucht", sagte der Ritter, „ist die Lärmhexe."
(Topfdeckel)

Der Leisekönig und seine Gemahlin waren entsetzt. Aber wie das bei Lärmhexen so ist: Kaum spricht jemand ihren Namen aus, schon sind sie wie von Zauberhand zur Stelle. Und ihr könnt euch ja sicherlich vorstellen, wie es sich anhört, wenn eine Lärmhexe auf ihrem Besen angeflogen kommt?
(Ratsche oder Donnerblech)

„Jetzt bringen wir mal etwas Schwung in die Bude!", rief die Lärmhexe und rieb sich die Hände. Dann zauberte sie mit ihrem Hexenzauberstab ...
(Xylo- oder Metallofon)

... und was meint ihr, was dann passierte? Richtig, die Leisekönigin bekam 14 Kinder. Und ab diesem Zeitpunkt war es im Leiseschloss nie wieder leise.
(Trommel und Pauke laut spielen)

Der Leisekönig und die Leisekönigin gewöhnten sich mit der Zeit an den Lärm. Es gab wieder Musik, man durfte laut lachen und schreien, schnell und laut durch die Gänge im Schloss rennen ...
(Trommel und Pauke gemeinsam)

Der Leisekönig hieß nun natürlich nicht mehr Leisekönig, sondern „Lustiger König". Und der laute Ritter? Der zog sich heimlich in die Speisekammer zurück, denn dort war es am leisesten. Der ganze Lärm im Schloss war ihm nun doch ein bisschen zu viel.

Wolkenreise

Eine Klanggeschichte zum Lauschen, Entspannen und Ruhigwerden

Diese Klanggeschichte lesen und spielen Sie den Kindern vor, während es sich diese in der Kuschelecke oder auf Matratzen gemütlich machen. Schön, wenn die Kinder bereit sind, dabei die Augen zu schließen und auf die Klänge, Töne und Geräusche zu lauschen. Das bewusste Hinhören entspannt, aber es trainiert auch die auditive Wahrnehmung.

DAS BRAUCHEN SIE:

- Wüstenfloh: Holzblock
- Giraffe: Bongos
- Wind und Blätter: Rassel
- Affe: Guiro
- Greifvogel: Pfeife, Kazoo oder Zimbeln

Es war einmal ein kleiner Wüstenfloh.
(Holzblock einmal anschlagen)

Wüstenflöhe sind winzige Tierchen, die in sehr trockenen Savannen leben. Der kleine Wüstenfloh war eigentlich immer gut gelaunt. Er hüpfte von Grashalm zu Grashalm und sang dabei lustige Wüstenflohlieder.
(Holzblock mehrmals anschlagen und dazu eine lustige Melodie summen)

Für den Wüstenfloh, der noch viel winziger als der Nagel an eurem kleinen Finger war, sah natürlich alles ganz riesig aus. „Hach!“, seufzte der kleine Floh. „Wenn ich doch nur einmal so richtig hoch in den Himmel käme und die Welt von oben betrachten könnte!“
(Holzblock erst laut, dann leise schlagen, dann verstummen lassen)

Das hörte eine Giraffe, die gerade an einem Baum fraß.
(auf den Bongos spielen)

Sie senkte den Kopf bis hinunter zum Floh und kniff die Augen zusammen, damit sie den Floh auch gut sehen konnte, klein, wie er nun einmal war.
„Du willst mal ganz hoch stehen?“, erkundigte sie sich. „Ich könnte dich, wenn du dich an meinen Hörnchen festhältst, da oben auf den Baum bringen. Dann kannst du dir die Welt von oben angucken.“
(Bongos spielen)

Der kleine Floh ließ sich von der Giraffe mitten in der Baumkrone zwischen den raschelnden Blättern absetzen. Er hatte zwar etwas Angst und sein Flohherz schlug wild und schnell, weil er so weit oben war, …
(Holzblock schnell anschlagen)

… aber dafür konnte er nun endlich sehen, wie die Welt von oben aussah. Die Grashalme, die für ihn wie Bäume wirkten, waren nur noch ganz winzig. Hier oben in der Baumkrone war es windig und das Blatt, auf dem der Floh saß, bewegte sich hin und her.
(Windgeräusche machen und rasseln)

„Na, da wird dir wohl schlecht, was?", erkundigte sich ein Affe, der hier oben in der Baumkrone herumturnte. „Und wenn du denkst, dass du hier ganz weit oben bist, dann hast du dich geirrt!" Und der Affe lachte laut und schrill und schnitt dem Floh eine Grimasse.
(Guiro anspielen)

„Wenn du wirklich mal hoch sein willst, dann musst du mit dem hier fliegen!" Und der Affe zeigte auf einen Greifvogel, der sich gerade neben ihm niedergelassen hatte.
(Pfeife oder Kazoo)

„Lust auf einen Ausflug?", fragte der Greifvogel kichernd und flatterte mit seinen Flügeln. Und bevor der Floh Nein sagen konnte, saß er schon im Federkleid des Vogels und los ging die Reise, dass sie nur so durch die Lüfte zischten.
(Rassel und dazu Pfeife oder Kazoo)

Der Baum wurde immer kleiner und tatsächlich: Die Wolken waren ganz nah. Sie sahen aus wie wunderbare, weiche Watteberge. Der Wind pfiff dem Floh nur so um die Ohren und er kuschelte sich ins warme, weiche Vogelkleid.
Sanft ließen sich die beiden von den Winden und Lüften tragen und zogen eine lange Runde über der Savanne. Sie grüßten die Giraffe …
(Bongo spielen)

… und den Affen …
(Guiro spielen)

… und sie winkten den vielen kleinen anderen Wüstenflöhen, obwohl sie sie natürlich gar nicht sehen konnten, weil sie weit oben waren.
(Holzblock schlagen)

Weil es so warm und weich und schön auf dem Vogel war und das Dahingleiten so viel Spaß machte, wäre der kleine Floh beinahe eingeschlafen.
(Schnarchgeräusche machen)

Erst als der Vogel zwischen Gras und Sand in der Savanne landete, wachte der Floh wieder auf. Die anderen Wüstenflöhe kamen angerannt.
(Holzblock)

„Na, wie war es denn in den Wolken?", erkundigten sie sich aufgeregt. Der Wüstenfloh sah sich um: Die Gräser waren wieder riesig, der Sand war warm und gemütlich und alle seine Freunde waren da. Zu Hause am Boden war es eigentlich doch gar nicht so schlecht.

Alles, alles kommt zur Ruh'

Ein Klang- und Bewegungsspiel

Jetzt ist aber mal Ruhe! Mit diesem kleinen Klangspiel laden Sie auch große Gruppen in die Ruhe und in die Wahrnehmung von Stille ein. Das kurze Klang- und Bewegungsspiel eignet sich auch, um die Kinder vor einer Fantasiereise ins Zuhören und Ruhigwerden zu begleiten.

DAS BRAUCHEN SIE:

- 1 angenehm klingendes Klanginstrument, z. B. eine Klangschale mit Klöppel
- Matten und Decken für die Kinder

Legen Sie die Matten oder Matratzen und die Decken bereit. Die Kinder suchen sich aus, welcher Art von Zauberwaldwesen sie angehören möchten: Waldhexen, Zwergen, Elfen, Wichteln usw. Dann bewegen sich die Kinder leise und sanft im Raum. Wenn im Text beispielsweise „Wichtel" aufgerufen werden, kommen die Kinder, die sich die Wichtel ausgesucht haben, herbei, suchen sich eine Matte aus und legen sich gemütlich hin. Dabei dürfen sie vormachen, wie die Wichtel ihrer Meinung nach wohl schlafen, schnarchen oder seufzen. Schlagen Sie dann die Klangschale an und alle Wichtel lauschen, bis der Klang ganz verklungen ist. Dann rufen Sie mit der folgenden Strophe die nächsten Waldwesen auf, bis schließlich alle Kinder auf ihren Matratzen liegen. Zum Schluss spielen Sie nach „geh'n" noch einmal die Klangschale an und alle lauschen gemeinsam in die Stille, wie der Ton verklingt.

***Waldhexen** stellen den Besen ab,*
schlummern in ihrer Hängematt'.

***Zwerge** kuscheln unter Wurzeln sich ein,*
machen sich im Erdreich klein.

Alles, alles kommt zur Ruh',
macht jetzt seine Augen zu.

***Elfen** schlummern im Gras sehr gerne,*
gucken hervor, betrachten die Sterne.

***Wichtel** schlüpfen in Höhlen im Ast,*
machen ihr Bettchen dort ganz ohne Hast.

Alles, alles kommt zur Ruh',
macht jetzt seine Augen zu.

***Riesen** liegen auf Bergen und Höh'n,*
finden's gemütlich und wunderschön.

***Drachen** schnarchen in Höhlen so laut,*
es biegen sich Zweige, Gräser und Kraut.

Alles, alles kommt zur Ruh',
macht jetzt seine Augen zu.

Hört doch nur, wie still und schön,
es ist, wenn alle zur Ruhe geh'n.

KLÄNGE FÜR DAS GANZE JAHR

Wie klingt der Frühling? Wie hört sich Sommer an? Warum gehören Glöckchen mit in den Advent? Frühling, Sommer, Herbst und Winter geben sich in diesem Kapitel klanglich die Ehre.

Auch hier finden Sie eher einfache und reimende Klanggeschichten, die mit wenigen Instrumenten auskommen. Auf diese Weise können Sie mit vielen Kindern in die Welt der Klänge starten, auch wenn Sie eine Gruppe mit großer Altersmischung haben. Unsere kurzen Reimklanggeschichten sind schnell gelernt und eingebaut und eignen sich gerade dann, wenn Sie vor den Jahreszeitenfesten wie Ostern oder Weihnachten nicht viel Zeit haben, um aufwendige Klanggeschichten mit den Kindern einzuüben. Denn nicht das Einüben und korrekte klangliche Wiedergeben steht ja im Mittelpunkt: Geben Sie den Kindern vielmehr die Möglichkeit, ihre eigenen Erfahrungen mit Frühling, Sommer, Herbst und Winter in Klänge zu kleiden und der Jahreszeitenmusik ein Gesicht zu geben.

Auf einer Blumenwiese im Frühling können sich die Kinder sicherlich vorstellen, dass die Blüten Musik machen. Das Rascheln der Blätter im Herbst trägt schon eine Vorahnung von Winter in sich und lässt sich hervorragend nachrasseln. Und das leise Fallen von Schneeflocken kann so schön klingen! Nichts lässt sich besser durch Musik ausdrücken als die Natur.

Der Schneemann mit der Pfeife

Eine Klanggeschichte für den Winter

Wie hört es sich an, wenn ein Schneemann auf einer Pfeife spielt? Das hören Sie nur, wenn Sie mit den Kindern ganz genau hinhören. Diese Reime begleiten Sie beim Schneemannbauen mit viel Klang und Radau.

DAS BRAUCHEN SIE:

- Pauke
- Trommel oder Bongo
- Holzblock
- Klangstäbe
- Triangel
- Pfeife

Einen Schneemann bauen, lustig ist das,
das macht den Kindern Riesenspaß.
(sich freuen und in die Hände klatschen)

Als erstes die große Kugel als Bauch,
als zweites die mittlere Kugel darauf.
(zuerst Pauke für die große Kugel anschlagen, dann eine Trommel oder ein Bongo für die mittlere Kugel)

Die kleinste Kugel kommt zuletzt,
dann fehlt nur noch ein kleiner Rest.
(Holzblock für die kleinste Kugel)

Als Nase 'ne Rübe, Augen aus Stein,
das wird's doch wohl nicht gewesen sein?
(Klangstäbe)

Ein lachender Mund aus Knöpfen dazu,
jetzt lacht der Schneemann, wir rufen: „Juhu!"
(Triangel, dann laut „Juhu!" rufen)

Ein Pfeifchen stecken die Kinder dazu,
dann hören sie leise dem Schneetreiben zu.
Hört ihr's?
(ganz leise in die Pfeife pusten)

Der Schnee schmilzt

Mit Tönen und Klängen das Winterende begleiten

Den Winter zu verabschieden macht einfach Spaß. Grund genug, den Winterauszug mit Lärm und Klang darzustellen – eine Tradition, die uralte Wurzeln hat.

DAS BRAUCHEN SIE:

- Nach Auswahl der Kinder Instrumente, um das Tröpfeln zu vertonen, z. B. Holzblocktrommel, Klangstäbe, Xylofon, Kastagnetten – je nach Ihrem Vorrat

Ich habe es genau gesehen,
der Winter muss nun endlich gehen.
(alle Kinder rufen: „Tschüss, Winter!")

Es tropft von Dächern und von Ästen,
vom Schnee, da gibt es nur noch Reste.
(alle Kinder rufen: „Tschüss, Schnee!")

Ein Tröpfchen klopft vom Dach herab,
tropftropf, so klopft es, klipp und klapp.
(ein Kind spielt sein Instrument)

Ein andres Tröpfchen kommt vom Baum,
tropftropf, so macht's, man hört es kaum.
(zwei Kinder spielen ihre Instrumente)

Ganz viele Tröpfchen kommen herunter,
tropftropf, so klopfen sie froh und munter.
(alle Kinder spielen gemeinsam)

Nichts ist mehr weiß, die Wiese ist grün,
Winterende ist wirklich schön.
(alle Kinder rufen wieder: „Tschüss, Winter!")

Die Sonne begleiten

Eine Klanggeschichte zum Sonnenlauf

Mit nur einem Instrument begleiten Sie die Sonne auf ihrem Lauf. Das Beste dabei: Wenn die Geschichte zu Ende ist, können Sie direkt noch einmal neu beginnen.

DAS BRAUCHEN SIE:

- Xylo- oder Metallofon, ersatzweise Glockenspiel oder Flöte mit unterschiedlichen Tönen

Im Osten, da geht die Sonne auf,
nimmt ab dem Morgen ihren Lauf.
(auf dem Metallo- oder Xylofon eine aufsteigende Reihenfolge spielen)

Am Mittag wandert sie hoch in den Süden,
dann fängt sie so langsam an zu ermüden.
(den hellsten Ton mehrmals anspielen)

Am Abend kannst du sie winken sehen,
im Westen will sie zur Ruhe gehen.
(absteigende Reihenfolge spielen)

Nachts ist es dunkel, die Sonne ist weg,
kommt erst am Morgen aus ihrem Versteck.
(Stille)

Grillenchor

Zirpen per Klanggeschichte

Grillengezirpe ist im Sommer eine entspannende Geräuschkulisse. Wer verursacht diese Geräusche und wie bekommen die kleinen Wiesenbewohner das so laut hin? Ein bisschen Wissen dazu finden Sie im Kasten. Ein Zirpkonzert können die Kinder auch nachmachen, beispielsweise mit selbst gebauten Rasseln.

DAS BRAUCHEN SIE:

- für jedes Kind eine Rassel, Ratsche (gekauft oder selbst gemacht) oder einen Holzblock

Die Grillen haben heut ein Fest,
weil's sich im Sommer feiern lässt.
(alle Kinder rasseln und/oder ratschen)

Die erste Grille freut sich schon,
reibt mit den Flügeln einen Ton.
(nur ein Kind bespielt mit einem Ton sein Instrument)

Die zweite Grille fällt jetzt ein,
nun zirpen sie zu zwein.
(zwei Kinder spielen auf ihren Instrumenten)

Die dritte Grille kommt dazu,
die andern Grillen hören zu.
(drei Kinder spielen auf ihren Instrumenten)

Die vierte Grille zirpt jetzt mit,
beim Wiesen-Grillen-Superhit.
(vier Kinder spielen gemeinsam)

Grillen: Musiker aus der Wiese
Grillen haben ihr Musikinstrument direkt am Körper und damit immer in Reichweite. Die geschlechtsreifen Männchen können „singen". Wissenschaftlich heißt dieses Zirpen Stridulation. Dazu heben die Männchen beide Vorderflügel an und reiben sie gegeneinander.

Das Zirpen entsteht, weil die Flügel mit winzigen Zähnchen ausgestattet sind, die dann aneinander reiben und Töne erzeugen. Bei uns in Mitteleuropa erzeugt die Feldgrille die lautesten Zirpgeräusche, Waldgrillen sind etwas leiser. Feldgrillen sind auf der Roten Liste als gefährdet eingestuft, da ihre Lebensräume (offene Wiesen) zurückgehen. Freuen Sie sich also, wenn Sie die kleinen Wiesenmusikanten noch hören können.

Jetzt machen alle Grillen Lärm,
denn Zirpen mögen Grillen gern.
(alle Kinder spielen gemeinsam)

Die Grillen feiern, zirpen, lachen,
genießen das Geräuschemachen.
(lauter und schneller spielen)

Doch müde werden auch die Grillen,
die lauten, mittleren und stillen.
(kurze Stille)

Leiser klingt der Grillenchor
jetzt jedem an das müde Ohr.
(von laut bis leise spielen)

Und noch mal leiser, leiser nun,
bis alle Grillen friedlich ruh'n.
(ganz leise spielen und schießlich verstummen)

Hör mal hin, es ist ganz still,
weil keine Grille mehr zirpen will.
(die letzten beiden Zeilen nur noch flüsternd vortragen, dann Stille)

Ideen zur Umsetzung:
Zu Beginn rasseln nur Sie allein, während Sie die ersten beiden Strophen vorlesen, dann fallen nach und nach die Kinder ein, bis schließlich alle Kinder gemeinsam rasseln. Sie müssen jetzt evtl. etwas lauter sprechen. Alle gemeinsam rasseln nun immer leiser und leiser, bis zum Schluss alle das Rasseln einstellen. Geben Sie den Kindern Gelegenheit, in die Stille hineinzuhorchen, die sich nun wirklich sehr leise anhört.

Extratipp:
Güiro eignen sich für diese Geschichte natürlich am besten. Gehen Sie gemeinsam auf die Suche, um Schrapinstrumente aufzustöbern. Achten Sie dabei darauf, dass Sie ungefährliche Instrumente heraussuchen: Küchenreiben können sehr scharfe Kanten haben. Geeignet könnten aber alle Gegenstände mit rauer Oberfläche sein (Heizungsgitter) oder auch Klangfrösche (Spielzeughandel).

Bunter, schöner Schmetterling

Eine Sing- und Klanggeschichte mit Wildblumen von der Wiese

Welche Blumen besucht ein Schmetterling denn so im Frühling? In dieser Klanggeschichte lernen die Kinder kennen, was ab April/Mai auch auf der Wiese vor der Kita wächst. Schön, wenn Sie ein kleines Sträußchen der wilden Frühblüher gepflückt haben und es mit den Kindern untersuchen können.

DAS BRAUCHEN SIE:

- Veilchen: Kastagnetten oder Klanghölzer
- Löwenzahn: Guiro oder Ratsche oder Rassel
- Gänseblümchen: Zimbeln oder Glöckchen
- weitere oder andere Instrumente je nach gefundenen Blumen und Wünschen und Ideen der Kinder

Die folgende Klanggeschichte können Sie auch singen, denn sie passt zur Melodie von „Brüderchen, komm tanz mit mir". Singen Sie die Strophen passend zu den Wildblumen auf Ihrer Wiese. Neben den hier aufgezählten finden Sie möglicherweise auch Gundermännchen, Wiesenschaumkraut, Margeriten, Glockenblumen und wilde Stiefmütterchen.
Die Kinder können für jedes Blümchen ein Klanginstrument auswählen. In der ersten Strophe klingt noch gar nichts, in der letzten dann alle Blumen zusammen.

Bunter, schöner Schmetterling,
komm zu uns, setz dich doch hin.
Flieg nicht weg, bleib bei mir,
Schmetterling, du kleines Tier.

Bunter, schöner Schmetterling,
fliegst zu blauen Veilchen hin ...
(Kastagnetten einsetzen)

Bunter, schöner Schmetterling,
fliegst zu Löwenzähnen hin ...
(rasseln)

Bunter, schöner Schmetterling,
fliegst zu Gänseblümchen hin ...
(Zimbeln oder Glöckchen)

Bunter, schöner Schmetterling,
fliegst zu Hyazinthen hin ...
(weiteres Instrument für die Hyazinthen erklingen lassen)

Bunter, schöner Schmetterling,
fliegst nicht her und fliegst nicht hin.
Müde bist du, gehst zur Ruh,
faltest deine Flügel zu.

Äpfel, Birnen, Pflaumen

Eine Klanggeschichte von der Streuobstwiese

Am Ende des Sommers ist es so weit: Äpfel, Birnen und Pflaumen fallen von den Bäumen. Streuobstwiesen sind für viele Tier- und Pflanzenarten wichtige Biotope. Durch intensive Landwirtschaft sind diese kleinen Paradiese vom Aussterben bedroht. Mit dieser Klanggeschichte lernen die Kinder Fallobst kennen – und einige Tiere, die davon leben.

DAS BRAUCHEN SIE:

- Apfel: Gong oder Klangschale
- Birne: Trommel oder Pauke
- Pflaume: Ratsche oder Guiro
- Wespe: die eigene Stimme oder Rassel
- Igel: Klangstäbe
- Fledermäuse: Zimbeln oder Glöckchen

Flupp, ein Apfel fällt vom Baum,
liegt im Gras, man sieht ihn kaum.
(einmal kurz auf der Klangschale oder dem Gong spielen)

Eine Birne fällt vom Baum, kawumm,
die kullert auf dem Boden rum.
(auf der Trommel oder Pauke das Kullern nachstellen durch schnelle, kurze Schläge hintereinander)

Eine Pflaume kommt herab, ratzfatz,
doch im Gras ist kaum noch Platz.
(Ratsche anspielen)

Äpfel, Birnen, Pflaumen fein,
hier möcht' ich gerne Wespe sein.
(alle Instrumente zusammen)

Wespen zischen hin und her,
ihnen schmeckt das Fallobst sehr.
Zzzisch!
(laut „Zzzisch!“ machen oder rasseln)

Igel rascheln durch das Gras,
machen sich ihr Stachelfell nass.
Piiiks!
(einmal die Triangel anspielen)

Und nachts, da knabbern Fledermäuse,
am Birnen- und am Apfelgehäuse.
Mjam, mjam!
(Zimbeln oder Glöckchen erklingen lassen)

Wespe, Igel, Fledermaus
wohnen gern im Wiesenhaus.
(alle Tier- und Obstinstrumente zusammen erklingen lassen)

Zusatztipp:
Tiere und Pflanzen auf der Streuobstwiese können Sie mit den Kindern unter diesem Link angucken:
http://www.streuobstwiesen-niedersachsen.de

Gespenstertanz um Mitternacht

Eine Gespensterklanggeschichte für die Halloweenzeit

Wie hört es sich an, wenn Gespenster um Mitternacht tanzen? Finden Sie es heraus und bauen Sie die Gruselklänge mit dieser Klanggeschichte nach. Hier kann neben den Instrumenten auch die eigene Stimme zum Einsatz kommen.

DAS BRAUCHEN SIE:

- Turmuhr: Klangschale oder Gong
- Gespenster: Rasseln
- Zähneklappern: Holzblock oder Klangstäbe
- Regen: Rainmaker, Pauke oder Trommel

Der Wind heult um die Zinnen und Türme des Gespensterschlosses.
(den Wind mit der Stimme nachmachen)

Regentropfen trommeln auf das Dach.
(mit den Fingerspitzen auf die Pauke oder Trommel trommeln oder den Rainmaker schütteln)

Eulen und andere Nachtvögel schreien laut.
(mit der Stimme die Eulenrufe nachmachen)

„Huh, hört sich das gruselig an!", denkt sich das kleine Gespenst und rasselt ein bisschen mit seinen Ketten.
(rasseln)

„Hast du etwa Angst?", fragt ein größeres Gespenst. „Das sind noch nur der Wind, ...
(wieder den Wind nachmachen)

... und der Regen ...
(den Regen nachmachen)

... und ein paar Eulen."
(die Eulenrufe nachmachen)

Das kleine Gespenst hat ein bisschen Angst und klappert mit den Zähnen.
(Holzblock oder Klangstäbe zum Zähneklappern spielen)

Da schlägt die Turmuhr. Die Gespenster zählen mit: eins, zwei, drei, vier, fünf, sechs, sieben, acht, neun, zehn, elf, zwölf.
(den Gong oder die Klangschale zwölfmal anschlagen)

Gespensterstunde! Auch das noch! Die anderen Gespenster fassen das kleine Gespenst an den Händen. Gemeinsam tanzen sie einen Gespenstertanz. Sie tanzen auf der Burgmauer, ...
(rasseln und „Huhuuuuu!" rufen)

... auf dem Turm, ...
(rasseln und „Huhuuuuu!“ rufen)

... auf dem Friedhof nah beim Schloss, ...
(rasseln und „Huhuuuuu!“ rufen)

... und zuletzt kehren sie ins Schloss zurück und tanzen durch jeden Raum.
(rasseln und „Huhuuuuu!“ rufen)

Das macht dem kleinen Gespenst Spaß. Lustig tanzt es mit.
(rasseln und „Huhuuuuu!“ rufen)

Doch dann schlägt die Turmuhr erneut. Diesmal schlägt sie nur einmal.
(Klangschale oder Gong einmal anschlagen)

Die Gespenster müssen jetzt zurück in ihre Verstecke. Sie hören auf mit ihren Ketten zu rasseln. Sie werden immer leiser, bis zum Schluss alle Gespenster verstummen. Vielleicht kannst du sie in ihren Verstecken schnarchen hören.
(ganz leise schnarchen)

Laternenzeit

Ein Klang- und Lichterlebnis

Diese Klang- und Lichtgeschichte eignet sich auch für eine kleine Vorführung, beispielsweise beim Sankt-Martin-Fest oder einem Adventsnachmittag. Oder Sie laden einfach die Kinder der Nachbargruppe ein.

DAS BRAUCHEN SIE:

- Taschenlampen, Laternen oder LEDs
- Lichtchen: Triangel, Xylofon, Glockenspiel u. Ä.

Laternenzeit, Laternenzeit,
kein Lichtchen brennt noch weit und breit.
(Stille, dunkel)

In dunkler Nacht leuchtet erst eines, ...
(ein Instrument mit einem Ton anspielen, ein Lichtchen anschalten)

... dann zwei, dann drei, dann noch ein kleines.
(ein zweites und drittes Instrument spielen und dazu jeweils ein Lichtchen anschalten, dann ein viertes ganz leise und das Licht etwas später anschalten)

Dann fünf, dann sechs, dann leuchtet die Welt,
aus kalt wird warm und aus dunkel wird hell.
(weitere Lichtchen und Instrumente, zum Schluss sind alle Lichter angeschaltet und alle Instrumente werden bespielt)

Wenn Blätter fallen

Eine Klanggeschichte mit nur einem Instrument für den Herbst

Nur mit Klanghölzern (und ersatzweise Holzstiften) stellen die Kinder hier das Fallen der Blätter nach. Klanghölzer können die Kinder auch bespielen, indem sie sie aneinander reiben. Wie könnte dieser Ton mit in die Geschichte passen? Nehmen Sie auch echtes Laub mit dazu und fragen Sie die Kinder, wie man es einsetzen könnte.

DAS BRAUCHEN SIE:

- Klanghölzer (wenn möglich mehrere Instrumente, ersatzweise Bleistifte/Malstifte aus Holz)
- nach Wunsch: Raschellaub

Hörst du das, der Wind rauscht an,
rüttelt an Ästen und Zweigen dran.
(mit der Stimme Windgeräusche machen)

Ein Blättchen löst sich, fliegt herab,
steigt zur Erde zart herab.
(nur ein Kind spielt mit den Klanghölzern)

Ein zweites Blättchen fliegt und schwebt,
vom Wind wird's sanft herabgeweht.
(ein zweites Kind kommt dazu)

Der Wind wird stärker, pustet, weht,
hör nur, wie laut er durch Äste geht.
(alle Kinder machen Windgeräusche)

Viele Blätter fliegen vom Baum,
so viele sind's, man zählt sie kaum.
(alle Kinder spielen auf ihren Klanghölzern oder Stiften)

Die Blätter, sie tanzen im Wind einen Reigen,
wollen nicht ruhig auf dem Boden bleiben.
(alle Kinder spielen, so laut sie möchten)

Hörst du das, das Wind hört auf,
pustet nicht mehr auf Bäume drauf.
(Stille)

Der Blättertanz ist jetzt vorbei,
ein kleines Blättchen kommt noch herbei.
(Stille, ein Kind spielt)

Legt sich zu den andern dazu,
nun halten die Blätter ein wenig Ruh'.
Gute Nacht!
(Stille)

KLANGERLEBNISSE FÜR KINDER UNTER 3

Ihre Krabbelkinder haben bestimmt Riesenspaß dabei, Geräusche zu machen. Mit Musik Spuren hinterlassen, sich selbst als Urheber eines Klanges zu erleben: Für Kinder unter 3 Jahren eröffnen Sie mit Klangerlebnissen eine neue Dimension. Darum sollten Sie auch den Allerkleinsten in Ihrer Gruppe ermöglichen, sich am Klangerleben zu beteiligen.

Besonders kurze und einfache Klangreime sind darum in diesem letzten (aber nicht unwichtigen) Kapitel für Sie zusammengestellt. Auch hier kommt der Klang meist nur von einem einzigen und einfachen Instrument. Gut, wenn Sie einfache Instrumente wie Rasseln in verschiedenen Ausführungen und mehrfach im Vorrat haben, sodass jedes Kind ein Instrument spielen kann.

Die Handlungen und Hauptfiguren in den Klangreimen für Kinder unter 3 sind aus dem Alltagserleben der Kinder oder aus besonders interessanten Erfahrungen entlehnt. Da brummen Autos und Laster, schnattern Enten und rufen Vogelkinder nach Mama und Papa. Auch die Unterdreijährigen können hierbei schon den Wechsel zwischen Stille und Klang, laut und leise erspüren und nachstellen. Lassen Sie sich überraschen, wie fit Ihre Krabbelkinder schon sind.

Es fährt ein kleiner Laster

Ein Geräusche-Mitmachgedicht

Auch für die ganz Kleinen, die möglicherweise noch kein Instrument spielen möchten oder können, eignen sich rhythmische Gedichte zum Mitsprechen und Mitmachen. Hier können die Kinder Worte mit dem Körper erfahren. Dabei machen sie das Geräusch eines Lastkraftwagens nach. Bevor Sie starten, können Sie mit den Kindern erst einmal üben, wie das gehen könnte.

DAS BRAUCHEN SIE:

- nach Wunsch: eine Fahrradhupe

Das Mitmachgedicht können Sie im Sitzkreis auf dem Boden durchführen. Kinder, die noch nicht sicher allein sitzen können, können vor einer pädagogischen Fachkraft sitzen, die mit ihnen die Bewegungen zusammen ausführt.

Ein Lastwagen fährt, brumm, brumm, brumm,
um eine Ecke rum.
(brumm, brumm, brumm nachmachen und in der zweiten Zeile im Sitzen nach links lehnen, falls nötig das Kind dabei festhalten)

Dann fährt er weiter geradeaus,
genau vorbei an unserm Haus.
(im Sitzen ruckeln und wackeln)

Ein Lastwagen fährt, brumm, brumm, brumm,
um eine and're Ecke rum.
(brumm machen und im Sitzen ganz weit nach rechts lehnen)

Dann fährt er ganz schnell: brumm, brumm, brummmm!
Und seine Ladung, die fällt … um.
(die Kinder dürfen sich bei genügender Polsterung sanft umfallen lassen)

Zusatztipp:
Für ältere Krippenkinder können Sie auch eine Hupe einbauen, falls Sie eine Fahrradhupe zur Hand haben. In der zweiten Strophe können Sie die Hupe einsetzen und bei „Haus" einmal hupen.

Autos fahren

Eine Mini-Klanggeschichte mit Autogeräuschen

Bei dieser Klanggeschichte für Krippenkinder geht es nicht unbedingt darum, dass alle im Takt musizieren, sondern einfach um den Spaß beim Erleben von rhythmischer Sprache. Statt mit Klanginstrumenten können Sie die Geschichte aber auch mit Bewegungen begleiten.

DAS BRAUCHEN SIE:

- Für jedes Kind ein nicht zu lautes Instrument

Autos fahren, brumm, brumm, brumm,
die Räder dreh'n sich rum, rum, rum.
(leise Instrumente anspielen)

Die Autos machen tuut, tuut, tuut,
das tut den Ohren gar nicht gut.
(Instrumente laut spielen)

Die Autos machen stopp, stopp, stopp,
wir stoßen uns am Kopp, Kopp, Kopp.
(Stille)

Die Autos fahr'n zurück, rück, rück,
nur noch ein kleines Stück, Stück, Stück.
(leise spielen)

Die Autos dreh'n jetzt um, um, um
und fahr'n nach Hause brumm, brumm, brumm.
(laut spielen)

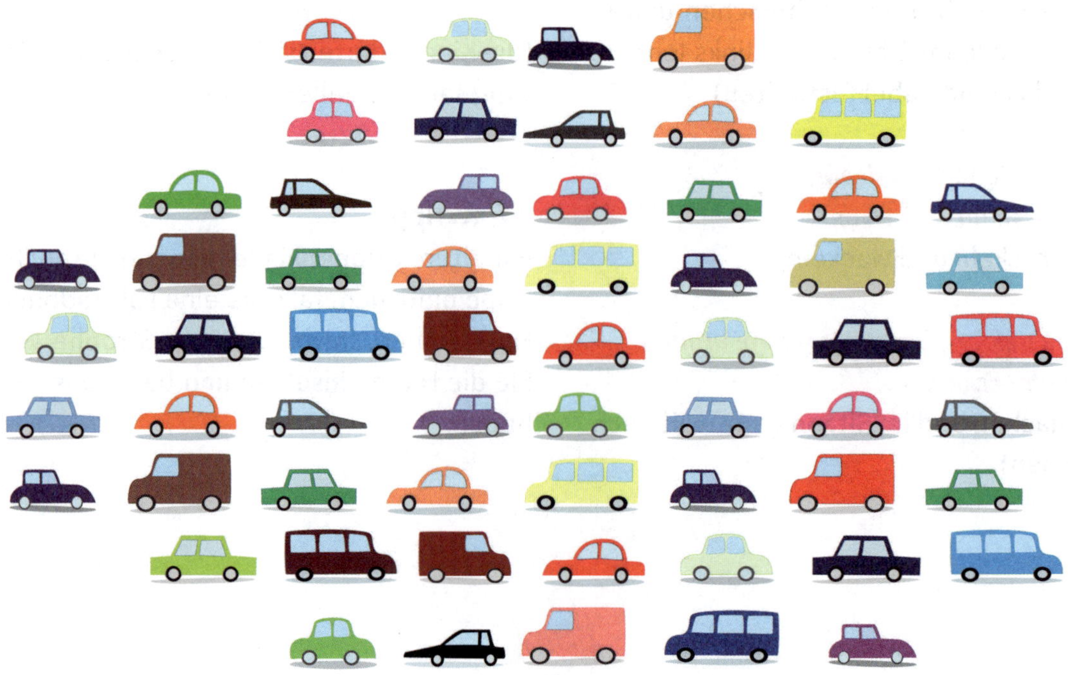

Witschel, watschel, Enten

Rhythmus-Reime ohne Klanginstrumente

Für diese Krabbelkinder-Klanggeschichte benötigen Sie keine Instrumente, sondern nur Ihre Hände und Oberschenkel. Geräusche, Rhythmus und Klänge lassen sich nämlich nicht nur mit Rassel & Co. fabrizieren, sondern auch ganz einfach mit dem eigenen Körper. Ein Spaziergang zu einem Ententeich wäre schön, denn dann können die Kinder die Enten auch in echt bewundern und sich angucken, wie Enten tauchen, schnattern … und schlafen.

Witschel, watschel, Enten klein,
woll'n wir heute gerne sein.
(im Takt abwechselnd mit der einen und der anderen Hand auf die Oberschenkel klopfen)

Witschel, watschel, Enten laufen,
wollen gern ins Wasser tauchen.
(erst mitklopfen, dann eine Schwimmbewegung machen)

Witschel, watschel, Enten fliegen,
weil Enten auch den Himmel lieben.
(erst mitklopfen, dann Flugbewegungen mit den Armen machen)

Witschel, watschel, Enten schnattern,
wollen einen Fisch ergattern.
(erst mitklopfen, dann mit Daumen und anderen Fingern einen Entenschnabel darstellen und auf und zu klappen)

Witschel, watschel, Enten liegen,
weil Enten auch die Ruhe lieben.
(erst mitklopfen, dann das Schlafen von Enten nachmachen: Kopf unter einen Flügel/Arm stecken)

Vogelkinder

Eine Reimklanggeschichte zum Pfeifen, Zwitschern, Flügelschlagen

Für jüngere Kinder sind Pfeifen, wenn sie nicht zu laut sind, ein toller Geräuschemacher. Denn die Kinder stellen fest: Mein Atem macht Töne. Dann macht diese Vogelkindergeschichte Freude, bei der die Kinder die Strophen einfach nur auf Ihr Zeichen mit ihrem Instrument begleiten. Ganz junge Kinder können auf Instrumente verzichten und stattdessen das Flügelschlagen mitmachen und die eigene Stimme einsetzen.

DAS BRAUCHEN SIE:

- für jedes Kind eine nicht zu laute Pfeife (z. B. Vogelpfeifen aus dem Spielzeughandel, Flöten usw.)

Die dicke Amsel guckt und wartet,
wann das Eierschlüpfen startet.
(Stille)

Knacks, ein Ei geht auf, dann zwei,
dann noch ein Ei, nun sind's schon drei.
(einmal, noch einmal und ein drittes Mal kurz pfeifen)

Drei Vogelkinder zwitschern, piepsen:
Ist das ein lautes Vogelfiepsen!
(ganz laut pfeifen alle zusammen)

Sie schlagen mit den Flügeln: flapp!
Piepsen laut vom Baum herab.
(laut pfeifen)

Pssst, ganz leise, Mama bringt Essen,
ein Spinnchen, ein Käfer, was Gutes zu fressen!
(Stille, dann laut „Hmjam!" rufen und Essgeräusche machen)

Es trabt ein Elefant

Eine Klanggeschichte mit zwei Instrumenten

Diese kurze Klanggeschichte vertonen Sie mit nur zwei Instrumenten. Die Instrumente können die Kinder bedienen, wie sie möchten. Sie können aber auch unseren Vorschlägen folgen.

DAS BRAUCHEN SIE:

- eine Handtrommel
- eine Triangel

Es trabt ein großer Elefant,
über den Savannensand.
(Trommel)

Im Sand sitzt Hugo, die kleine Maus,
weicht den Elefantenfüßen aus.
(Triangel)

„Huch!“, ruft die Maus ganz ärgerlich,
„so triffst du mich ganz sicherlich!“
(Triangel)

Der Elefant bleibt langsam stehen,
die Maus kann er von oben nicht sehen.
(Trommel immer langsamer schlagen)

„Hier bin ich, am linken Hinterbein!“,
ruft die Maus, so winzig klein.
(mehrmals die Triangel anschlagen)

Der Elefant hebt das Bein voller Ruh',
die Maus zischt davon im Nu.
(Trommel und Triangel, in die Hände klatschen und „weg!“ rufen)

Elefantenmusik

Ein Mitmachgedicht mit Tönen und Klängen

Wie hört es sich an, wenn Elefanten tanzen? Vor allem laut. Genau das dürfen die Kinder in dieser Reimgeschichte testen.

DAS BRAUCHEN SIE:

- Strophe 1: Pauken oder Trommeln
- Strophe 2: Tröten oder Pfeifen
- Strophe 3: Kazoos oder Rasseln
- Strophe 4: Rainmaker
- Strophe 5: die eigene Stimme

Mit den vorgeschlagenen Instrumenten oder der Stimme dürfen die Kinder zu Beginn und am Ende jeder Strophe Lärm und Radau machen.

Wenn Elefanten Rumba tanzen,
mit Füßen auf den Boden stampfen,
dann bebt die Erde und es wackelt der Wald,
und es trampelt die Herde, mit Jung und Alt.

Wenn Elefanten Trompete spielen,
dann wackeln die Blumen auf ihren Stielen.
Die Affen erschrecken und die Zebras zucken,
die Vögel schrei'n und die Schlangen spucken.

Wenn Elefanten im Kreis sich drehen,
die Schwänze und Ohren im Winde wehen.
Dann stampfen die Füße, die Welt wird verrückt,
Staub wirbelt auf und das Gras wird zerdrückt.

Wenn Elefanten mit Wasser spritzen,
weil es heiß ist und sie in der Hitze schwitzen,
dann freu'n sich die Tiere, denn jeder mag das,
Wasser tut gut und die Welt wird ganz nass.

Wenn Elefanten zur Ruhe gehen,
weil sie schon lang auf den Beinen stehen,
dann schlummern sie ein und schnarchen dazu,
keiner kann schlafen, gestört ist die Ruh'.

Vier Frösche

Eine einfache Klanggeschichte in Reimen

Still oder richtig laut? Den Unterschied erleben Krippenkinder mit dieser einfachen Reimgeschichte. Sie können den Eindruck verstärken, indem Sie in den Stille-Strophen gemeinsam „Pssst!" machen.

DAS BRAUCHEN SIE:

- für jedes Kind ein Schellenband, einen Schellenkranz/-ring, einen Klangfrosch, eine Rassel oder ein anderes „Frosch-Instrument"

Vier Frösche sitzen am Teich im Garten,
während sie auf den Abend warten.
(Stille)

Der Abend ist da, die Frösche singen,
sie quaken, sie pusten, sie singen und klingen.
(Instrumente spielen)

Doch leise, ein Marder schleicht durch die Nacht,
die Frösche sind still und geben jetzt acht.
(Stille)

Der Marder schleicht weiter, das ging
noch mal gut,
die Frösche, sie singen mit neuem Mut.
(Instrumente spielen)

So laut und so lustig und noch lauter jetzt,
die Frösche, sie feiern ein lustiges Fest.
(ganz laut die Instrumente spielen)

Doch dann kommt der Morgen und still ist's
im Garten,
weil die Frösche jetzt wieder den Abend erwarten.
(Stille)

ERZÄHLENDE KLANGGESCHICHTEN

Mit erzählenden Klanggeschichten sind hier Klanggeschichten gemeint, die eine in sich abgeschlossene Geschichte erzählen und die darum einen längeren Text haben. Auf den folgenden Seiten finden Sie darum Geschichten, die nicht in gebundener Sprache (in Reimen) getextet sind. Die Geschichten eignen sich natürlich auch ohne Vertonung zum Erzählen und Vorlesen.

Die Geschichten sind etwas länger und wegen ihrer komplexen Handlung sicher eher für die älteren Kinder in der Gruppe geeignet. Wir haben darauf geachtet, dass die Hauptfiguren der Geschichte für Kinder attraktiv sind. Denn hier geht es darum, die kindliche Neugier und Experimentierfreude anzuregen.

Nur durch genaues Hinhören, durch Unterscheidenkönnen verschiedener auditiver Reize ist es möglich, Klänge zuzuordnen. Lassen Sie die Kinder, wann immer es möglich ist, selbst entscheiden und aussuchen, welche Person oder welches Tier in den Geschichten durch welches Klanginstrument dargestellt werden könnten. Fragen Sie auch, warum die Kinder eine Zuordnung vornehmen und wie sich die entstehenden Laute, Töne und Geräusche mit der Stimme nachmachen lassen könnten.

Wichtig ist auch hier, dass die Kinder genügend Zeit und Möglichkeiten haben, um sich mit dem Einsatz und dem Klang der einzelnen Instrumente vertraut zu machen. Manche, aber nicht alle Instrumente lassen sich beispielsweise laut oder leise, langsam oder schnell spielen. Auf einigen Instrumenten lässt sich auch eine kleine Melodie oder es lassen sich auf- und absteigende Tonfolgen spielen. Wann wäre das sinnvoll? Was lässt sich damit darstellen? Binden Sie die Kinder nicht nur einfach mit ein – lassen Sie die Kinder zu Regisseuren ihrer eigenen Klanggeschichten werden und erfinden Sie weitere ganz neue Klanggeschichten dazu.

Der Rabe und der Fuchs

Eine fabelhafte Klanggeschichte

Die Fabel vom Fuchs und dem Raben kennen Sie bestimmt noch aus Ihrer eigenen Kinderzeit. Manche Fabeln lassen sich sehr schön mit Klang erzählen. Unsere Ideen sollen Ihnen nur als Anregung dienen. Lassen Sie die Kinder die Instrumente aussuchen und zuordnen.

DAS BRAUCHEN SIE:

- Rabe: Ratsche, Rassel oder Schellenkranz
- Fuchs: Klanghölzer oder Metallofon
- Fluggeräusche: Blatt Papier
- Magenknurren: Pauke oder Trommel

Ein Rabe hatte sich einen Käse gestohlen.
(fröhliches Rasseln oder Ratschen oder den Schellenkranz schütteln)

Zufrieden flog der Rabe mit seinem Käse auf einen Baum.
(Fluggeräusche durch Schütteln des Papierbogens)

Hier biss er ein Stückchen Käse ab und ließ es sich schmecken.
(schmatzen)

Da kam der Fuchs des Weges.
(Klanghölzer oder einen Klangstab des Metallofons mehrmals anspielen)

Er grüßte den Raben oben auf dem Baum:
„Guten Morgen, Herr Rabe, was haben Sie denn da für ein leckeres Frühstück?"
(lebhafte Anschlagen der Klanghölzer/aufsteigende Tonfolge auf dem Metallofon)

Der Rabe antwortete natürlich nicht, sondern er hielt seinen Käse im Schnabel gut fest.
(ratschen, rasseln, ...)

Der Fuchs hatte schrecklichen Hunger. Sein Magen brummte und knurrte nur so.
(mit der Hand über die Trommel streichen und darauf schlagen)

„Könnte ich wohl eine kleines Stückchen von Ihrem Käse abbekommen?", fragte der Fuchs den Raben.
(Metallofon: aufsteigende Tonfolge/Klangstäbe)

Der Rabe schüttelte den Kopf, denn reden konnte er ja nicht.
(ratschen/rasseln)

„Nur ein winziges Häppchen?"
(Metallofon: aufsteigende Tonfolge/Klangstäbe)

Der Rabe schüttelte wieder den Kopf.
(ratschen, rasseln, ...)

Der Fuchs überlegte. Wie alle wissen, können Raben nicht sehr schön singen. Es hört sich eher an wie ... ein fürchterliches Gekrächze.
„Lieber Herr Rabe", begann der Fuchs. „Wie ich hörte, sollen Sie wunderschön singen können."
(leises Anspielen von nur einem einzigen Ton)

Der Rabe oben auf dem Baum war erstaunt.
(leise ratschen, rasseln, ...)

„Ich hörte, Ihr Gesang wäre so lieblich wie das Plätschern des Meeres. Jetzt frage ich mich, ob Sie mir etwas vorsingen würden? Ich würde so gern einmal Ihre wunderbare Stimme hören."
(leise Töne für den Fuchs)

So etwas hatte der Rabe natürlich noch nie gehört. Geschmeichelt öffnete er den Schnabel, um ein Rabenlied erklingen zu lassen. Aber was war das? Der Käse kullerte ihm aus dem Schnabel, fiel auf den Boden und – schwupps – hatte der Fuchs sich den Käse geschnappt und rannte damit davon.
(ein Schlag auf der Trommel für das Fallen des Käses, dann absteigende Reihenfolge auf dem Metallofon oder Klanghölzer schnell anspielen)

Pech gehabt, Rabe. Auf Schmeicheleien soll man nicht hören.

Erzählen mit dem Kamishibai:
Falls Sie ein Kamishibai besitzen, eignet sich diese Geschichte auch sehr gut für eine kleine Kamishibai-Vorführung. Sie können natürlich auch einen Schuh- oder anderen Karton als Kamishibairahmen umfunktionieren. Die Kinder malen dabei Stationenbilder zur Geschichte, die Sie anschließend zum Erzählen nutzen.

Meister Kling und die Feste

Eine Klanggeschichte aus dem Zauberwald

Was passiert, wenn ein Zwerg besonders musikalisch ist und mit seinen Füßen Töne erzeugen kann? Die Klanggeschichte eignet sich besonders gut für eine kleine Vorführung. Sie passt, wenn Sie die Projektthemen „Elfen und Zwerge“, „Wald“ oder „Musik“ am Start haben und sie macht besonders viel Spaß. Allerdings benötigen Sie eine Person (pädagogische Fachkraft, Elternteil, Kind, ...), die sehr gut das Xylofon bedienen kann.

DAS BRAUCHEN SIE:

- Musikzwerg: Xylofon oder Metallofon
- Fee: Triangel
- Elfe: Glöckchen
- Waldhexe: Rassel

Es war einmal ein Zwerg, der konnte mit seinen Füßen Musik machen: Wohin er auch lief, immer klang es „Kling“ und „Klang“.
(zwei verschiedene Töne abwechselnd auf dem Xylofon anspielen, damit es sich anhört wie Schritte)

Wenn der Zwerg schneller lief, ...
(die beiden Töne schneller spielen)

... sprang oder sogar tanzte, dann erklang die schönste Musik.
(eine kurze Tonfolge auf dem Xylofon spielen)

Aus diesem Grund nannte man den Zwerg nur Meister Kling. Dem Zwerg gefiel es sehr gut, dass er so schöne Klänge machen konnte. Auf Festen und Feiern im Märchenwald war er meistens der Star des Abends.
(Xylofon in aufsteigender Tonfolge anspielen)

Feen, ...
(Triangel)

... Elfen, ...
(Glöckchen)

... Waldhexen, ...
(Rasseln)

... alle Wesen im Märchenwald freuten sich, wenn der Zwerg vorbeikam. Und weil die Märchenwaldwesen so gerne feierten und tanzten und Musik über alles liebten, riefen sie Meister Kling oft dazu. Mit der Zeit wurde der Musikzwerg immer erschöpfter und erschöpfter ...
(absteigende Tonfolge auf dem Xylofon)

Er wurde ganz blass, konnte kaum noch gehen und fühlte sich fürchterlich müde. Das bekamen die Märchenwaldwesen natürlich mit. Und weil sie den Zwerg sehr gern mochten, berieten sie, was zu tun sei.
(Rasseln, Triangel und Glöckchen gemeinsam anspielen)

„Also, ich kann ja auch ein bisschen Musik machen“, sagte die Waldfee und ließ zarte Waldfeenklänge durch den Wald ziehen.
(mehrmals die Triangel anspielen)

„Na, dann kann ich auch Musik machen!", rief die Waldelfe und erzeugte Waldelfentöne.
(Glöckchen)

„Tja, was ihr könnt, kann ich schon lange", kicherte die Waldhexe und zeigte, wie ihre Musik klang.
(Rasseln)

„Dann machen wir doch einfach alle zusammen Musik!", schlug die Waldfee vor. Und das taten sie. Aber wenn die Wesen im Wald einmal ein besonders schönes Fest feiern wollten, dann luden sie immer noch den Musikzwerg ein. Und dann gelang das Fest besonders gut. Und weil der Musikzwerg nicht mehr so viel Arbeit und Mühe hatte, ging es ihm natürlich bald besser.
(alle Instrumente spielen zusammen)

Und wenn du im Wald eines Tages oder Nachts einmal eine besonders schöne Musik hörst, dann könnte es das Waldorchester aus Feen, Elfen, Waldhexen und dem Musikzwerg sein.
(ganz zart eine ansteigende Tonfolge auf dem Xylofon anstreichen, die leiser wird)

Der Löwe und die Maus

Eine Fabel in Klängen

Eine ungewöhnliche Freundschaft können die Kinder bei dieser Geschichte vertonen. Es geht um einen brüllenden Löwen und eine piepsende Maus – und um Freundschaft. Die Kinder können bei der Geschichte sowohl Instrumente als auch die eigene Stimme einsetzen.

DAS BRAUCHEN SIE:

- Löwe: Pauke oder Handtrommel
- Maus: Xylofon oder Glockenspiel
- Falle: Ratsche, Guiro oder Rassel

Es war einmal ein Löwe, der in einer wilden Savanne lebte. Jeder dort hatte Angst vor ihm, denn sein Knurren war schauerlich und böse.
(die Pauke anschlagen und die Schritte des Löwen darstellen, das Löwenknurren vormachen)

Eines Tages war der Löwe in tiefen Schlaf gefallen und schnarchte gemütlich vor sich hin.
(nur einmal die Pauke anspielen und laut schnarchen)

Eine Maus, die gerade an dem schlafenden Löwen vorbeikam, blieb überrascht stehen. Und neugierig, wie Mäuse sind, begann die Maus, auf dem Löwen umherzuhüpfen. Sie zog den Löwen an seiner Mähne und kitzelte ihn an der Nase.
(auf dem Xylofon zunächst einige Töne, dann eine aufsteigende Tonfolge spielen)

Da wachte der Löwe mit einem schrecklichen Brüllen auf und schnappte mit seinen Tatzen nach der Maus.
(Paukenschlag, brüllen)

Die Maus hing zwischen den langen Krallen des Löwen und bekam fürchterlich Angst.
„Bitte, tu mir nichts, lieber Löwe!", flehte die Maus mit piepsiger Stimme den Löwen an.
(Xylofon: schnelle, helle Töne)

„Du hast mich geärgert!", brüllte der Löwe. „Und jetzt verspeise ich dich zum Mittagessen."
(Pauke und Gebrüll)

„Bitte, bitte, friss mich nicht!", wimmerte die kleine Maus. „Ich will dir auch auf ewig dankbar sein und dir immer helfen!"
(Xylofon)

Der Löwe musste grinsen. „Womit willst du kleiner Wicht mir schon helfen! Und was habe ich davon, wenn du Winzling mir dankbar bist!" Weil der Löwe aber einen guten Tag hatte, ließ er die Maus laufen. Und die Maus machte, dass sie davonkam.
(absteigende Tonfolge auf dem Xylofon, die immer leiser wird)

Eines Tages, der Löwe war allein in der Savanne unterwegs, ...
(Paukenschläge als Schritte)

... geriet er in eine Falle. Löwenjäger hatten ein Netz gespannt, das sich nun um den Löwen schloss. Und sosehr sich der Löwe auch wehrte und brüllte: Aus dem Netz konnte er sich nicht befreien. Er verhedderte sich nur immer mehr in den Schnüren.
(Pauke und Ratsche)

Da kam die kleine Maus angeflitzt. Sie hatte ihr Versprechen nicht vergessen. „Ich helfe dir!", piepste die Maus. Sie biss mit ihren Mausezähnchen die Seile an mehreren Stellen durch.
(Xylofon)

Die Öffnung war groß genug, dass der Löwe sich befreien konnte.
(Pauke)

Mit einem Sprung war der Löwe frei. Und seit diesem Tag waren der Löwe und die kleine Maus Freunde.
(alle Instrumente klingen zusammen)

Der Streit von Sonne und Wind

Eine fabelhafte Klanggeschichte zum Frieren, Freuen und Pusten

Auch für diese Klanggeschichte dient eine Fabel von Äsop als Vorlage. Unsere Geschichte wurde für den Gebrauch in Ihrer Kita aber modernisiert und mit neuen Requisiten ausgestattet. Das Vertonen macht aber sicherlich noch genauso viel Spaß wie vor etwa zweitausend Jahren zu Lebzeiten des Fabeldichters Äsop. Informationen zum Urheber der Fabel finden Sie im Kasten.

DAS BRAUCHEN SIE:

- Sonne: Triangel
- Wind: Xylofon
- Leon: Holzblock

Bestimmt habt ihr manchmal Streit. Eines Tages hatten die Sonne und der Wind Krach. Und das kam so: Der Wind, der an diesem Tag ziemlich heftig war, fast schon ein Sturm, wollte gerne mit jemandem streiten. Er sagte zur Sonne: „Sieh nur, wie mächtig ich bin. Ich bin das stärkste aller Elemente. Ich bin viel stärker als du!"
(auf dem Xylofon herauf- und herabfahren)

Die Sonne breitete ihre Strahlenarme aus und antwortete: „Wenn du denkst, dass du so mächtig bist, dann lass uns eine kleine Wette machen!"
(Triangel anschlagen)

Die Sonne zeigte mit einem ihrer Arme nach unten auf die Erde. Dort ging gerade ein Junge über die Straße. Der Junge hieß Leon. Er trug einen Mantel und hatte es ziemlich eilig. Mit schnellen Schritten eilte er über die Straße.
(schnelles Spiel auf dem Holzblock)

„Wer es schafft, diesem Jungen den Anorak auszuziehen, der soll der Stärkere von uns beiden sein", schlug die Sonne vor.
(die Triangel einmal anschlagen)

„Ha!", brauste der Wind. „Nichts leichter als das! Du wirst sehen, wie schnell ich diese Jacke davonwehe!" Und der Wind strengte sich mächtig an, holte tief Luft und pustete die Leute auf der Straße an. Hüte und Mützen flogen davon, Papiere wurden über die Straße geweht. Der Wind fuhr unter Leons Anorak und pustete und wehte und blies und wütete. Hui, das war ein Tosen!
(zuerst einzelne Töne auf dem Xylofon anschlagen, dann wieder auf dem Instrument herauf- und herbfahren)

Leon wurde es im Wind sehr kalt. Er drückte seinen Anorak fest um sich herum und zog den Reißverschluss hoch.
(schnelle Schläge auf dem Holzblock)

Und sosehr der Wind sich auch anstrengte: Leon zog noch die Kapuze hoch und der Anorak saß so fest wie nie.
(heftiger auf dem Holzblock trommeln)

Der Wind verzog sich grummelnd.
(absteigende Reihenfolge auf dem Xylofon spielen und wenn möglich dabei immer leiser werden)

Die Sonne begann, die Erde mit ihren Strahlen aufzuwärmen. Sie breitete sich aus, strahlte nur so vom Himmel herab.
(mehrmals die Triangel anschlagen)

Den Menschen auf der Straße wurde richtig warm. „Schau nur, wie schön das Wetter endlich ist!"; riefen sie sich zu. Eltern zogen ihren Kindern die dicken Jacken aus und auch Leon zog seinen Anorak aus.
(kurzes Spiel auf dem Holzblock)

Damit war klar, wer den Wettstreit gewonnen hatte. Und der Wind verstand, dass man mit Wärme und Freundlichkeit viel mehr Erfolg hat als mit Wüten und Streiten. Ab diesem Tag vertrugen sich die Sonne und der Wind wieder ... bis zu ihrem nächsten Streit, aber das ist eine andere Geschichte.
(Xylofon und Triangel spielen gemeinsam)

Äsop – der Fabeldichter aus dem alten Griechenland:
Äsop ist als antiker Dichter von Fabeln und Gleichnissen bekannt. Er lebte im 6. Jahrhundert vor Chr. Trotzdem gilt er als der Begründer der europäischen Fabeldichtung, denn schon in den mittelalterlichen Klosterschulen dienten seine kleinen Geschichten als Lese- und Lernstoff. Tatsächlich sind die Geschichten rund um Fuchs und Rabe, Sonne und Wind und viele andere Tiere schon wesentlich älter. Literaturforscher nehmen an, dass sie auf Inhalte zurückgehen, die bereits im alten Orient (beispielsweise in Sumer vor 3.000 Jahren) bekannt waren. Auch Äsop hat also möglicherweise nur aus älteren Vorlagen ausgeliehen, über was Kinder und Erwachsene heute noch staunen.

Blattlaus-Abenteuer

Blattläuse sind zwar sicherlich auch bei Ihnen nicht gern gesehen, aber die kleinen, zarten Tierchen liefern eine klebrige Flüssigkeit, Honigtau genannt, die über einige Umwege (wie den Bienenmagen) auch in Ihrem Waldhonig landet. In dieser Klanggeschichte nehmen wir Sie mit auf einen Blattstängel. Am besten verwandeln Sie sich und die Kinder in ganz winzige Insekten, bevor Sie den Kindern die Geschichte zum ersten Mal vorlesen.

DAS BRAUCHEN SIE:

- Blattlaus: Xylofon
- Ameisen: Klangstäbe
- Hummel: Pauke
- Wespe: Rassel
- Marienkäferlarve: Schellenring/Schellenband
- Nacht: Glockenspiel

Es war einmal eine neugierige kleine Blattlaus.
(das Xylofon einmal anschlagen)

Sie war rund und grün und ganz winzig. Mit ihren sechs Beinchen konnte sie schnell laufen.
(einen Ton mehrmals anschlagen)

Und die kleine Blattlaus konnte außerdem auch an hohen Stängeln von Blumen oder Sträuchern herauflaufen. Das hörte sich ungefähr so an:
(eine aufsteigende Tonfolge spielen)

Oben angekommen war die Blattlaus allerdings ganz schön müde und musste erst einmal verschnaufen.
(zweimal den gleichen Ton anschlagen)

Eine kleine Erfrischung wäre nicht schlecht. Ein Schluck Baumsaft … „Ahhh!", das tat gut. Die Blattlaus legte sich hin, um ein bisschen zu schlummern.
(zweimal den gleichen Ton, diesmal tiefer)

Aber was war das? Irgendjemand, der viele Arme hatte, tippte die Blattlaus an.
(Klangstäbe mehrmals anschlagen)

Eine Ameise war das. Die Ameise hatte große, hungrige Augen. „Könnte ich wohl ein Schlückchen von deinem leckeren Blattlaussaft haben?", erkundigte sie sich freundlich.
(Klangstäbe)

Das kannte die kleine Blattlaus schon, denn das passierte ihr immer wieder. Viele Tiere tranken gern den Blattsaft, Honigtau, genannt, den sie herstellte. Die Blattlaus strengte sich an und presste einen Tropfen Honigtau für die Ameise heraus.
(einen Ton auf dem Xylofon anschlagen)

„Schlüüürf!", machte die Ameise, wischte sich mit einem Fühler über den Mund und bedankte sich. „Tschüss dann!", und die Ameise krabbelte davon.
(Klangstäbe langsam anschlagen und leiser werden)

Die kleine Blattlaus wollte sich gerade wieder hinlegen, da landete jemand neben ihr. Und dieser Jemand war ganz schön dick. Der Stängel bog sich unter dem Gewicht.
(Pauke)

„Guten Tag", wünschte eine pummelige Hummel. „Hättest du ein Schlückchen Honigtau für mich? Ich bin so müde und muss noch den ganzen Tag Nektar sammeln", jammerte die Hummel.
(Pauke mehrmals anschlagen)

Na schön, dachte die Blattlaus und stellte ein Tröpfchen Honigtau für die Hummel her. Die Hummel summte unter lautem Gebrumme davon.
(Pauke laut anschlagen, dann leiser werden)

Gääääähn! Jetzt war die Blattlaus doch ziemlich müde. Sie krabbelte ein Stückchen weiter und legte sich gemütlich zurecht. Sie war schon ganz schwer und müde und gerade wollte sie einschlafen, ...
(leiser werdender gleicher Ton)

... da kam schon wieder jemand angeflogen. Und diesmal war es eine Wespe.
(rasseln)

„Zack, zack, mal einen Honigtau her, aber ein bisschen sportlich!", verlangte die Wespe und summte gefährlich. Die kleine Blattlaus kam dem Wunsch der Wespe lieber nach.
(ein Ton auf dem Xylofon)

Aber kaum war die Wespe abgeschwirrt, natürlich ohne sich zu bedanken, ...
(leiser werdende Rassel)

... da passierte es: Eine Marienkäferlarve kam angekrabbelt. Und diese Larve wollte ganz sicher kein harmloses Schlückchen Honigtau. Marienkäferlarven futtern Blattläuse für ihr Leben gern!
(Schellenband schnell schütteln)

„Hmmm, so ein leckeres Häppchen!", brüllte die Marienkäferlarve und ihre Mundwerkzeuge klappten sich gefährlich auf.
(Schellenband noch schneller und lauter)

Die kleine Blattlaus fürchtete sich.
(schnell den gleichen Ton mehrmals anspielen)

Wie gelähmt starrte sie auf die riesige Monsterlarve vor ihr.
(den gleichen Ton anspielen)

„Moooooment!", fünf große Ameisen kamen herangekrabbelt. „Du willst doch nicht etwa unser Blattläuschen fressen?" Die Ameisen bildeten einen Kreis um die Marienkäferlarve. „Hm?"
(Klangstäbe)

Die Marienkäferlarve blickte sich ungemütlich um, dann krabbelte sie rückwärts davon. „Nein, ich wollte nur mal Hallo sagen!" Und schwupps, war sie verschwunden.
(Rassel leiser werden lassen)

Die kleine Blattlaus atmete auf.
(zwei absteigende Töne auf dem Xylofon)

Die Ameisen krabbelten davon.
(Klangstäbe leiser werden lassen)

Es wurde Nacht über der Wiese, auf der die kleine Blattlaus lebte.
(eine absteigende harmonische Reihenfolge auf dem Glockenspiel)

Die kleine Blattlaus krabbelte etwas den Stängel hinab, suchte sich eine geschützte Stelle unter einem Blatt und kuschelte sich ein.
(absteigende Reihenfolge auf dem Xylofon)

Und wenn sie nicht gefressen wurde, dann könnt ihr sie vielleicht auch in eurem Garten entdecken.

5. Auflage 2022

Texte: Suse Klein

Illustrationen Umschlag und Innenteil: Maryse Forget, Lahr

Abbildungen: S. 16 © visible3dscience, Fotolia.com, S. 25 © andreapetrlik, Fotolia.com,
S. 29 © MicroOne, Fotolia.com, S. 34 © incomible, Fotolia.com, S. 35 © andreapetrlik, Fotolia.com,
S. 45 © Vasilchuck, Fotolia.com, S. 46 © ppfoto13, Fotolia.com, S. 54 © Ayamap, Fotolia.com,
S. 59 © ziemanzgraph, Fotolia.com, S. 62 © Piumadaquila, Fotolia.com, Noten © Mickeing, Fotolia.com,
Tamburin © pandavector, Fotolia.com,

Umschlaggestaltung, Layout und Satz: In null, nichts Mediengestaltung, Thamar Wendler,
St. Ingbert und Rheinböllen

Druck und Bindung: GCC, Calbe

ISBN 978-3-7806-5112-9